어젯날
철천지원수의 땅에서
자유를 노래하다

주성하와 탈북 청년들의 아메리카 방랑기

어젯날
철천지원수의 땅에서
자유를 노래하다

주성하와 탈북 청년들의 아메리카 방랑기

주성하 · 조의성 지음

북돋움 COOP

머리말

★

"죽기 전에 이 세상에서 했던 일을 떠올릴 때
이 여행은 반드시 기억하게 될 거야."

아무 계획 없이 우연히 훌쩍 떠난 여행이 인생 최고의 여행이 됐다. 2018년 겨울, 나는 정신적으로나 육체적으로나 너무 지쳐 있었다. 9월에 《평양 자본주의 백과전서》를 내고 11월에 《조선 레벌루션》을 냈다. 두 달 간격으로 책을 쓰다 보니 몸에서 진이 다 빠져나간 듯했다. 새로운 충전을 위해 충동적으로 훌쩍 떠난 여행길이었다. 당분간 책을 절대 쓰지 않겠다는 다짐과 함께.

그러나 그 결심은 며칠 가지 못했다. 이 여행은 책에 넌더리가 났던 내가 기록하지 않고서는 견딜 수 없을 만큼 훌륭했다. 자연도 황홀했고, 동행한 사람들도 훌륭했고, 함께 나눈 대화도 좋았다. 2002년 한국에 온 뒤 지금까지 나는 책을 15권(공저 포함) 냈다. 모두 북한 관련 저서였다. 그러나 이번은 이전과 다른 형식으로 글을 쓰게 됐다.

이 책은 세 탈북 청년이 과거 북한에서 원수로 세뇌를 받고 살던 '미제'의 나라를 횡단한 기록이다. 우리는 초원과 사막과 숲속을 달

★

렸고, 음악을 들었고, 북한 이야기를 나누며 숙연해졌다. 광활한 땅에선 꿈도 커지는 듯했다. 여행 과정이 너무 좋아서 당초 열흘로 예상했던 일정을 보름으로 연장했다.

여행길에 올랐을 때 우린 각자의 느낌을 정리하기로 했다. 기자인 나는 팩트 위주로 기록하고, 의성이와 오스틴은 각자의 느낌을 글로 표현하기로 했다. 그러나 오스틴이 책을 쓸 시간이 없다고 빠지는 바람에 결국 나와 의성이가 나누어 쓰게 됐다. 순서로 볼 때 여행의 세밀한 기록을 맡은 내가 3분의 2 정도 분량을 쓰고, 의성이가 나머지를 맡아서 쓰기로 했다.

책의 구성을 놓고 많은 토론을 벌였다. 같은 여정을 동어반복처럼 펼쳐놓으면 겹치는 일정 때문에 지루해질 우려가 있었다. 그러나 나는 의성이의 이야기를 의성이 혼자 하도록 두고 싶었다. 의성이의 글은 울림이 있다. 같은 장소에 함께 갔지만 의성이의 글과 느낌은 전혀 새롭게 다가온다. 무엇보다 나는 생애 첫 책을 내는 의성이가 오로지 자신만의 글로 독자에게 다가가길 원했다. 독자 역시 나와는 다른 의성이의 글을 새로운 감성으로 받아들이게 되리라 기대한다.

더 중요한 점은 한국에 온 지 20년이 다 된 나의 생각이나 느낌과,

★

이제 5년도 채 안 된 의성이의 생각이나 느낌이 많이 다르다는 것이다. 나는 이제 한국에서든 미국에서든 많은 것이 자연스럽고 당연하기까지 하다. 그러나 아직 북한이 아닌 사회에 적응 중인 의성이에게는 많은 것이 낯설고 어렵고 생각을 거듭하게 한다. 여행 중 우리의 대화에서도 그런 점들이 자주 느껴졌다.

사실 이 책은 어떤 성격이라고 한마디로 단정 짓기 어렵다. 지나간 여정을 충실하게 기록한 전통적 의미의 여행기가 아니다. 여정보다는 우리 셋이 나누었던 대화를 기록했다고 보는 편이 더 적당하다. 그래서 북한에 대한 이야기가 많다. 그렇다고 북한에 관한 전문 서적도 아니다. 그때그때 떠오르는 주제와 느낌을 따라갔기 때문이다.

그러면 어떠하랴. 지금은 4차 산업혁명 시대다. 융복합의 시대다. 책의 형식이 어떠하든지 흥미롭게 읽는 독자가 있다면 나는 가치 있는 책이라고 생각한다. 물론 부족한 점이 많은 이 책이 독자에게 어떤 평가를 받을지는 두려운 마음으로 기다릴 수밖에 없다. 북한에서 태어나 목숨 걸고 한국에 와서 미국을 횡단한 세 탈북 청년의 성장기를 너그러운 아량으로 지켜봐 주시기를 부탁드린다.

★

끝으로 미국 횡단 길에서 만났던 따뜻하고 고마운 인연들과, 저자들의 요구를 상업적 가치 판단보다 우선해준 북돋움출판사 여러분께 감사의 인사를 전한다.

2020년 7월

주성하

차례

제1부

미국에서 대북방송을 하다

탈북 20년 베테랑 기자
주성하의 수다 여행

제2부

삶이 여행 같아지기를

탈북 5년 열혈 청년
조의성의 감성 여행

제 1 부

미국에서 대북방송을 하다

탈북 20년 베테랑 기자
주성하의 수다 여행

1. 휴스턴의 세 수다쟁이
2. 텍사스 지평선의 노을
3. 그랜드캐니언과 라스베이거스를 지나
4. 잊을 수 없는 요세미티 투어

1. 휴스턴의 세 수다쟁이

★★★

오케이,
가보는 거지, 뭐

“형, 의성이가 이번 겨울방학에 휴스턴을 거쳐 미국 횡단 여행을 한다는데 함께 가지 않을래요?”

2018년 12월 14일 저녁, 나는 한국에 잠깐 출장 와 있던 오스틴과 술을 마시고 있었다. 취기가 어느 정도 올랐을 때 오스틴이 이렇게 말했다.

오스틴은 나와 오랜 인연이 있는, 친동생 같은 친구다. 그는 15년 전에 북한을 탈출해 한국에 와서 고등학교를 다닌 후 미국 대학에 진학해서 10년 넘게 미국에서 살고 있다. 아이비리그 학부를 졸업한 첫 탈북민이며, 2년 전부터 미국 금융회사의 한 파트를 책임지고 휴스턴에서 살고 있다.

의성이는 4년 전만 해도 북한에서 살았다. 북에서 대학까지 나온 뒤 탈북했고 한국에 와서 모 명문대 재학 중 9월에 미국 교환학생으로 갔다. 그는 내가 알고 있는 한 최고의 '역마살'을 가진 친구다. 북한에 갇혀 살았던 한풀이라도 하려는 듯 한국에서 대학을 다니는 와중에도 틈만 나면 오토바이로 전국 일주를 했다. 오토바이에 작은 텐트와 침낭 하나를 싣고 다니며 그냥 내키는 곳에 가서 자고 오는 일을 반복했다.

그의 역마살은 미국에 가서도 여전했다. 겨울방학이 되자마자 미국 일주를 하겠다고 나선 것이다. 인디애나주의 한 대학에 다니는 그는 휴스턴을 거쳐 서부의 로스앤젤레스까지 횡단하겠다고 나섰다.

오스틴의 말을 듣고 나는 잠시 고민했다. 연말에 한국에서 일이 얼마나 많은가. 물론 대개 술 약속이긴 했다. 생각해보니 지난해 12월에는 이틀 빼고 한 달 내내 술을 마셨다. 이젠 그런 연말에서 벗어나고 싶은 마음도 있었다.

무엇보다 미국 횡단 여행은 너무나 매력적인 카드였다. 그렇지 않아도 몇 년 전부터 오스틴에게 "플로리다를 차로 돌아보는 것이 꿈"이라고 계속 되뇌었던 참이다. 나는 운전도 못 한다. 두 동생이 번갈아 운전해주는 이런 기회가 다시 올 것 같지는 않았다.

연말 약속을 바꿀 수 있을지 스케줄을 보니 가능할 것도 같았다. 술이 좀 더 거나해지자 나는 말했다.

"오케이, 가보는 거지, 뭐."

집에 오자 나는 즉시 노트북을 켜고 미국행 항공권을 찾아봤다. 12월 방학 시즌이라 무척 비쌀 줄 알았는데 의외로 싼 걸 찾을 수 있었다. 도착은 휴스턴으로, 돌아올 때는 로스앤젤레스에서 출발하는 델타항공 비행기 표가 140만 원이었다.

"도착지와 출발지가 다른데 이렇게 싸다니, 운이 좋네."

나는 오스틴의 귀국 비행기와 똑같은 비행기로 항공권을 구매했고, 미국 비자 사이트에 들어가 1분 만에 비자ESTA를 받았다.

다음 날인 12월 16일에 떠나는 일정이었다.

와, 이건
지주 집이잖아

이런저런 꼬이는 일들이 있었지만 3일 전 인디애나를 떠나 1,600킬로미터를 운전해서 휴스턴에 온 의성이의 공항 마중까지 받아 오스틴의 집에 무사히 도착하고 보니 현지 시간 17일 오전 1시쯤 됐다.

오스틴의 집에 도착하자 나는 저도 모르게 소리쳤다. "와, 이건 지주 집이잖아."

엄청 넓은 거실이 펼쳐졌고, 2층으로 올라가는 커브 계단까지 있었다. 북한에선 좋은 집을 보면 지주 집이라고 한다. 옛날에는 지주가 마을에서 제일 좋은 집에 살았기 때문일 것이다.

나는 남쪽으로 오기 전에 한국 드라마를 여러 편 봤는데 큰 거실에 이층으로 올라가는 계단을 배경으로 소파가 놓여 있고 온 가족이 거기 모여 수다를 떠는 장면이 자주 나왔다. 그래서 한국에 가면 다 저런 집에서 저렇게 사는가 보다 했는데 웬걸, 정작 와보니 그런 집에서는 대기업 회장이나 살지, 일반 사람들은 꿈도 못 꾼다는 것을 나중에 알았다.

나는 하나원을 나와서 20제곱미터 규모의 임대주택을 받고 나서 숨이 막혔다. '아, 이것이 현실이구나' 하는 걸 깨닫는 데만도 시간이 걸렸다. 그런데 오스틴의 집은 영화에서만 보던, 계단이 있고 2층까지 있는 집인 것이다.

"이런 집은 얼마나 해?"

"이 집은 한국 돈으로 4억 정도 해요. 친구 집이라 함께 사는데 저는 월 500달러를 내요."

"정말? 월세가 60만 원도 안 된다고? 서울에선 그 돈으로 방 한 칸도 변변히 잡기 어려운데, 이건 말이 안 되잖아……."

들어가자마자 미국의 집값이 화제로 떠올랐다. 오스틴이 말했다.

"형. 미국은 물가가 진짜 싸요. 집값은 진짜 안 올라요. 땅이 넓으니 계속 지을 수 있거든요."

"그래. 그건 나도 안다고. 근데 너무 싸잖아."

"아니, 한국이 너무 비싼 거예요. 예를 들면 여기 미국에서 우유값은 8년 동안 한 번도 안 올랐어요. 그런데 제가 서울에 있을 때는 500원 하던 우유가 갑자기 800원, 1,000원씩 하더군요. 여기 미국

오스틴의 2층짜리 집 내부 일부

은 가난한 사람도 빵은 먹고 살 수 있게 정책을 펴요. 미국에서는 물가가 오른다는 체감을 하기가 진짜 어려워요. 기름값도 진짜 싸고. 살기 괜찮아요."

"응, 그래도 난 미국에서 살 마음이 없어. 저녁에 술 마실 때도 차를 타고 다녀야 하고."

의성이가 보글보글 라면을 끓여 가지고 나타났다. 라면을 먹으면서 우리는 일정을 논의했다. 오스틴이 "형, 저 내일까지 일을 끝내면 모레 오전에 떠날 수 있어요"라고 한다.

"그럼 의성이와 나는 내일 어디 가지?"

"나사NASA에 한번 가보세요. 추천해요."

"그래, 그럼 나는 내일 의성이와 나사에 다녀올게. 그런데 의성이가 렌트한 차가 너무 작지 않나?"

"의성이가 차를 잘못 받아 왔어요. 비싼 돈을 내고 안 좋은 차를 가져왔거든요. 제가 내일 렌터카 회사에 전화해서 다른 걸로 바꿔달라고 할게요. 형, 저 피곤해요. 자지 않을래요?"

"아니, 먼저 올라가서 자. 우린 좀 더 있다가 잘게."

나와 의성이는 라면을 안주 삼아 술을 마시며 미국에서의 꿈만 같은 이 상봉을 한껏 즐거워했다.

"그런데 어디로 갈지 코스를 정했니? 그랜드캐니언을 보고 LA 쪽으로 간다는 건 확실한데, 어느 도로로 갈지 정해야지. 가는 길에 볼거리가 있으면 더 좋고."

"제가 짬을 내서 찾아볼게요. 걱정하지 마세요. 형들이랑 같이 여행하게 됐다는 게 도무지 믿어지지 않아요. 형도 이렇게 힘들게 오게 됐는데, 이번에 푹 좀 쉬고 건강도 회복하세요. 매일 술만 마시고 견디겠어요?"

의성이는 특유의 너스레를 떨며 신나서 말했다. 한창 수다를 떨다 보니 우리 둘의 얘기도 너무 재미있다고 느껴졌다. 술 먹은 정신에도 기자의 직업 정신이 튀어나왔다. 열여섯 시간의 비행으로 파김치가 됐어도, 아무리 피곤하거나 취했어도 그 정신은 도망가지 못했나 보다.

"의성아, 내가 지난달까지 두 달 동안 책을 두 권이나 마무리하고는 당분간 책은 다시 안 쓴다고 했는데, 우리 방금 앉아서 나누었던 이야기가 참 좋다. 여행 내내 나눌 이야기도 기대되고. 우리 이번 여행을 책으로 쓰면 어떨까? '탈북 청년 3인이 철천지원수로 세뇌받았던 미제의 땅을 횡단하다' 이런 관점으로 접근하면 진짜 재미있을 것 같아. 혼자 다 쓰면 길지만, 각자가 삼분의 일씩 쓰면 금방 쓰지 않겠니? 너도 글 잘 쓰잖아."

"와, 그거 재미있을 것 같아요. 저도 이번 여행을 글로 기록하려고 했는데, 진짜 좋을 것 같아요." 의성이가 선뜻 찬성했다.

"그래, 그럼 오스틴이 깨어나면 강제로 삼분의 일을 할당하자, 흐흐."

이 여행기는 이렇게 휴스턴의 오스틴 집에서 시작됐다. 화제가 여행기로 옮겨 간 뒤에도 한참을 떠들다가 잠을 자려 2층에 올라왔다. 계단에서 휴스턴의 '지주 집'에 온 기념사진까지 찍고 방에 들어왔다. 2층에 방 세 개가 있었는데, 우리는 각자 하나씩 잡고 들어갔다.

하늘은 푸르고
내 마음 즐겁다

17일 오전 11시 눈을 떴다. 의성이는 먼저 일어나 씻고 있었고, 오스틴은 이미 회사에 출근했다. 오스틴은 이곳 텍사스의 한 투자회사에 다니고 있다. 나도 씻고 준비하고 집을 나선 시간은 12시였다.

끝내주는 날씨였다. 서울에선 추워서 내복까지 입고 공항에 나왔

파란 하늘과 흰 구름 아래로 휴스턴 시내가 멀리 보인다.

는데, 이곳 휴스턴은 12월 말인데도 집에서 반바지를 입을 정도였다. 밖의 온도도 늦가을 날씨 정도였다. 미국에 올 때마다 드는 느낌인데, 나는 미국의 맑은 공기와 파란 하늘이 제일 부럽다. 숨을 들이마시면 폐까지 시원해지는 느낌이다. 나사까지는 차로 한 시간 거리다.

파란 물감으로 칠한 듯한 하늘을 이고 왕복 14차선의 확 뚫린 고속도로를 달리다 보니 나도 모르게 노래가 나왔다.

"하늘은 푸르고 내 마음 즐겁다, 손풍금 소리 울려라……."

이것은 북한 명곡 중의 명곡, 불후의 명곡이라고 하는 "세상에 부럼 없어라"의 시작 부분이다. 1961년에 나온 이 노래는 수령과 사회주의 제도가 너무 좋아 세상에 부럼 없이 살고 있다는 내용인데, 자라면서 계속 접하게 되니 북한 주민이라면 모를 수가 없는 노래다. 미국의 맑은 하늘을 보니 그 노래가 생각났다.

"의성아, 북에서 제일 거지처럼 살면서 세상에 부럼 없다고 노래 불렀던 걸 생각하면 웃기고 어이가 없어. 여기 와보니 이 노래는 미국에서 불러야 제맛이네."

도로 옆 건물들에는 깃대 절반쯤에 성조기가 걸려 있었다. 텍사스 출신의 조지 H.W. 부시 전 대통령이 20일쯤 전인 11월 30일 서거한 것을 추모하기 위한 것이었다. 고속도로는 도시 한가운데를 통과하며 시원하게 이어졌다. 서울 같으면 상상도 할 수 없는 일이다. 차들이 시속 80마일(129킬로미터) 이상으로 쌩쌩 달렸다.

"형, 여기 텍사스 사람들이 교통 법규를 제일 안 지키는 것 같아요. 분명 제한 속도 표지판이 있는데도 안 지켜요."

미국 전체는 아니지만 인디애나주를 포함해 몇 개 주를 다녀본 의성이가 텍사스의 준법 정신을 평가한다.

"형, 저는 지금이 믿어지지 않아요. 「민족과 운명」에서 오픈카로 미국을 달리는 장면 생각나시죠?"

「민족과 운명」 역시 북한이 최고의 명작이라고 선전하는, 50부가 넘어가는 시리즈 영화다. 1990년대 초반에 나온 이 시리즈는 초기 한국에서 외무부 장관까지 지내다 북한으로 넘어간 최덕신과, 국군 군단장까지 지냈다가 북한으로 간 국제태권도연맹 최홍희 총재를 주인공으로 했다. 그 영화에서 주인공들이 오픈카를 타고 미국을 달리는 장면이 나오는 것 같다. 아마 촬영은 유럽 어디쯤에서 했겠지만, 어린 의성이는 그것을 미국의 모습으로 각인했던 것으로 보인다.

의성이가 감개무량한 표정으로 말을 이었다.

"저는 그때 그 장면을 보면서 나도 한번 그렇게 살고 싶었어요. 그런데 4년 전만 해도 북한 시골에 갇혀 살았던 제가 이렇게 차를 몰고 미국을 달리다니 정말 꿈만 같아요."

맞는 말이다. 북한에서 살면 미국은 아예 갈 수 있는 나라라는 생각조차 하지 않고, 운전을 배워서 차를 몰고 다닌다는 것 자체가 인생 최고의 출세로 꼽혔을 것이다.

화제는 갑자기 김치로 넘어갔다.

"너 인디애나에 살면서 김치 먹고 싶어 어떻게 사냐?"

"정말 먹고 싶어요. 거긴 한인 식당도 없어 구할 수가 없어요. 제가 원래 김치라는 것을 먹지 않고 살 수 있다고 자신했거든요. 그런데 미국에 와보니 왜 그리 김치가 먹고 싶은지. 저번에 인디애나에 첫눈이 내리는 날 갑자기 김치가 먹고 싶어 눈물이 났어요."

"그래, 나도 1년 내내 김치 안 먹고 살 수 있다고 생각했었거든. 그런데 한국에 온 다음 해인 2003년에 미국에 처음 왔는데 일주일도 못 버티고 김치가 그렇게 먹고 싶더라고. 그때는 정말 먹을 게 없었어. 식당에 가도 다 입에 맞지 않고. 햄버거 정도만 겨우 먹었는데 그것도 억지로 먹었어. 그런데 이젠 나도 입맛이 많이 변했어. 작년에

휴스턴 우주박물관. 말로만 듣던 우주왕복선을 볼 수 있었는데, 전면과 천장에 각종 계기판과 버튼이 너무 많아 놀랐다.

워싱턴에 갔는데 써브웨이 샌드위치가 왜 그리 맛있던지. 그때 '야, 이거 나도 변했구나' 하고 알았지."

이런 이야기를 나누며 우리는 어느새 나사에 도착했다. 나사라고 해서 직접 구내를 돌아보는 건가 했는데, 알고 보니 우주 관련 박물관이었다. 다 보는 데 2시간 남짓 걸렸다. 워싱턴 스미스소니언 국립 항공우주박물관을 가본 나로서는 스미스소니언 박물관이 더 감명 깊었다.

가장 인상 깊었던 것은 보잉 여객기 꼭대기에 붙어 있는 우주왕복선이었다. 이 왕복선이 우주까지 올라갔다 온 것이라고 생각하니 감개무량했다. 수백 개의 조종석 계기판과 조종 버튼은 보기만 해도 머리가 아팠다. 이 많은 것을 어찌 외우고 조종할지 상상이 안 됐다. 우주선 조종사들은 정말 대단하구나 하는 생각이 들었다.

정작 내가 관심 있었던 것은 우주왕복선의 타일이었다. 우주왕복선은 2,000도의 고온에도 견딜 수 있는 2만 5,000개의 세라믹 타일로 겉이 감싸여 있는데, 이 타일 하나가 집 한 채 값이라는 이야기를 들었던 것 같다. 하지만 정작 전시용 왕복선에는 비닐로 만든 가짜 타일이 붙어 있었다. 하긴 진짜를 붙여놓았으면 중국 스파이나 도둑들이 가만 놔두지 않았을 거라는 생각을 했다.

2시간에 한 번씩 오는 순환 버스를 타고 나사 구내 일부를 도는 체험도 있었다. 하지만 우리가 박물관을 다 돌아보고 버스를 타러 가니 마지막 버스가 6분 전에 떠났다고 했다. 이 버스를 타는 것이 하이라이트라고 하는데……. 아쉽지만 어쩔 수 없었다. 대신 다른 사람들이 올린 글과 사진들을 찾아봤다. 생각보다 사진이 많아 아쉬움을 달래주었다.

감개무량의
멕시코만과 바다

박물관을 나오니 3시 반쯤 됐다. 집으로 가긴 너무 이른 시간인 듯했다.

"의성아, 이제 어딜 가지?"

"검색해보니 한 30분 거리에 바다가 있어요. 갤버스턴요. 바다 어때요?"

"그래, 오케이."

가는 길에 주유소에 들르니 휘발유 가격이 갤런당 1.879달러였다. 1갤런이 3.785리터이니, 리터당 0.5달러도 채 안 되어 한국 돈으로 550원 정도다. 거의 20리터를 채웠는데 1만 원 정도밖에 안 나왔다. 미국이 연비를 그리 따지지 않고 휘발유를 물처럼 쓰는 이유가 새삼 체감되면서 혀를 찼다.

물론 나중에 캘리포니아주에 가서 보니 갤런당 4달러 넘는 곳도 있었다. 이런 곳은 한국과 가격이 비슷하다. 미국의 휘발유 가격은 주의 세금에 따라 천차만별이다. 미국에서도 텍사스가 특히 휘발유와 경유가 싸다고 들었다. 주유소를 나온 우리는 차를 달려 휴스턴의 입구라고 할 수 있는 갤버스턴으로 향했다.

갤버스턴은 19세기 미국 남서부의 최대 관문으로 손꼽혔고 한때 '남부의 월스트리트'로까지 불리며 경제적 번영을 누렸다. 그때는 휴스턴이란 도시는 사실상 없었다. 그러나 1900년 9월 8일 밀어닥친 4등급 허리케인으로 도시는 한순간에 폐허로 변하고 8,000~1만 2,000명의 사망자가 발생했다. 이는 지금까지도 미국 최악의 자연재해로 꼽힌다. 도시를 잃고 허리케인의 공포에 휩싸인 사람들은 북서쪽 80킬로미터가량 떨어진 곳으로 이주해 도시와 항구를 만들고 키웠다. 그것이 오늘날의 휴스턴이다. 그러니 갤버스턴은 휴스턴의 어머니와 같은 도시다.

하지만 막상 도시에 들어가니 한때 남부의 월스트리트였던 흔적은 찾을 길이 없었다. 수십 킬로미터의 백사장을 따라 바닷가에 별장 같은 목조 건물들이 쭉 늘어서 있었다.

"아니, 허리케인으로 최악의 재난을 당한 곳에서 왜 또 나무로 건물을 세웠지? 콘크리트로 세우면 튼튼한데 이해가 되지 않네."

둘이 이야기를 나눴지만 딱히 해답을 찾지 못했다. 이곳 백사장은 모래가 단단해서 도로와 비슷했다. 사람들이 차로 백사장을 질주하며 소란을 피웠던지, 지금은 백사장 곳곳에 나무를 박아 차를 달리지 못하게 했다.

나는 감개무량한 마음으로 멕시코만으로 다가가 바닷물에 손을 넣었다. 멀리서 볼 때는 물이 깨끗하지 않고 한국의 서해처럼 흐린 듯했는데, 막상 손을 담그니 너무 맑았다.

나는 동아일보에 있으면서 14년 동안 국제부 기자를 지냈다. 아마 한국 언론사 전체를 통틀어 이렇게 국제부 기자를 오래 한 경우는 거의 없을 듯하다. 나를 흔히 북한 전문 기자라고들 알고 있지만, 국제 전문 기자로 활동해도 경력에 부족함은 크게 없을 듯하다. 국제부 기자를 하면 미국이 허리케인 상륙에 떨고 있다는 보도를 정말 많이 접한다. 그때마다 등장하는 것이 멕시코만이었다. 그랬던 멕시코만에 드디어 와본 것이다. 그러니 감개무량할 수밖에…….

한 시간가량 백사장에 머물며 주변의 별장들을 구경하고 갈매기도 본 뒤 5시 좀 넘어 다시 오스틴의 집으로 향했다. 약 한 시간 반 걸리는 거리였다.

갤버스턴의 백사장.
말로만 듣던 멕시코만에
드디어 가봤다.

미국에서
대북방송을 하다

가던 길에 갈대밭 위에 펼쳐진 노을은 왜 그리 아름답던지. 이번 여행 내내 아름다운 노을과 함께했다. 노을은 한국보다 미국에서 본 게 훨씬 아름다운 것 같다. 의성이는 특히 노을만 보면 어쩔 줄 모를 정도로 좋아했다. 매일 저녁 해가 지는 시간이면 "와, 와!!"를 연발하느라 바빴다. 노을이 질 때마다 '좋은 카메라를 가지고 왔더라면' 하는 아쉬움이 남았다. 여행기를 쓸 계획이었다면 준비해 왔을 텐데, 아무 준비 없이 출발한 여행이다 보니 여행 내내 휴대전화 카메라로 사진을 찍었다. 휴대전화 카메라의 성능이 날이 갈수록 향상된다고는 하지만 미국의 자연을 휴대전화 카메라로 담기엔 지나치게 역부족이었다. 다음에 미국의 자연을 마주할 기회가 생긴다면 그때는 아무리 짐스러워도 꼭 전문 카메라를 들고 갈 것이다.

집으로 돌아와 보니 퇴근한 오스틴이 저녁으로 바비큐를 준비해 두었다. 이날 저녁에는 오스틴의 현지 친구 부부가 찾아왔다. 젊은 한국인 부인은 미국에 유학을 왔다가 스코틀랜드 출신 남편을 만나 결혼해 휴스턴에 정착했다. 북한에 관심이 많은 부인은 내 블로그 팬이었고 북한 관련 자료들을 번역할 일이 있으면 돕겠다고 했다. 저녁을 먹고 술을 마시며 한참을 이야기하는데 드디어 시차의 영향이 나타났다. 예전에는 시차 적응이란 것이 뭔지도 몰랐는데 마흔이 넘으니 이제는 몸이 따라주지 않는다.

참고 참다 조용히 방에 올라가 잠깐 눈을 붙이려 했는데, 그만 10분 넘게 자버렸나 보다.

그래도 용케 다시 깨어나 내려오니 모두들 웃는다.

"형, 코 고는 소리에 벽이 흔들거렸어요."

시차의 영향인지 다음 날은 9시경에 일어났다. 아래층에서 오스틴이 전화를 붙들고 영어로 열심히 누구랑 다툰다. 들어보니 의성이가 잘못 받아 온 렌터카를 최초 계약된 조건에 맞는 큰 차로 바꿔야 하는데 저쪽에서 이 핑계 저 핑계를 대면서 말을 듣지 않는가 보다. 오스틴은 평소 그렇듯이 차분하게 조목조목 열심히 따진다. 오스틴은 논리적으로 설명해서 상대를 설득하는 능력이 내가 본 사람 중 최고다. 17년 기자 생활을 한 나도 오스틴이 작정하고 말을 하면 이길 재간이 없다. 그는 기자를 했으면 정말 잘했을 듯하다.

한 시간 가까이 통화하던 오스틴은 얘기가 통했는지 "의성아, 가자" 하며 일어선다.

"형, 우리 둘이 가서 차 바꿔 올 테니 좀 기다려요."

둘이 나간 뒤 나는 마침 잘됐다 생각하고 방송 녹음 준비를 했다. 나는 2008년부터 10년 넘게 자유아시아방송을 통해 매주 북한 주민들에게 보내는 편지를 낭독하고 있다. 이번 원고는 한국에서 이미 써놨는데 미국에 오느라 미처 녹음을 하지 못했다. 그러니 혼자 있게 된 이 시간에 녹음하면 아주 좋을 것 같았다. 그런데 오스틴의 집이 워낙 커서 소리가 너무 울렸다. 이런 상태로는 녹음을 해도 북으로 송출할 수 없다. 소리가 울리지 않는 곳을 찾아 이곳저곳 다니며 마이크 테스트를 한 끝에 결국 작은 옷장 안에 들어가 녹음하게 됐다.

이번 원고의 제목은 "여객기 타기가 싫어진 인생의 변화"였다. 당시 했던 방송 내용 일부를 인용하면 이렇다.

"제가 북에 있을 때는 언제 비행기나 타보고 죽을까 싶었습니다. 하지만 탈북해서 한국에 올 때 처음으로 비행기를 타봤습니다. 그때 장춘에서 인천공항까지 2시간을 날아왔는데, 처음 심정은 이제는 비행기도 타봤으니 여한이 없다 이런 심정이었습니다.

그리고 비행기는 정말 편안했습니다. 탈북 불과 몇 년 전에 북에서 고난의 행군 시절을 보냈는데 그때는 평양까지 기차로 일주일씩 갔었고, 다리 놓을 자리도 없이 사람들로 빼곡하게 찬 객실 안에서 서서 다녔습니다. 그랬던 것이 편안하게 자리에 앉아 두 시간 동안 1만 미터 꼭대기에서 아래 경치를 감상하며 날아오니 이건 뭐 힘든 게 전혀 없지요.

그런데 사람이란 환경에 곧 적응하는 간사함이 있어서인지 이제는 비행기 타고 다섯 시간 이상만 가면 막 지루하고 짜증이 납니다. 북한에서 유리창이 하나도 없는 열차를 타고 사람들 사이에 꽉 끼어서도 삼사일씩 가던 제가 말입니다. 이번에도 16시간 날아오면서 정말 지루했습니다. ……

미국까지 오는 데 비행기 안에서 소고기 볶음밥, 닭고기 볶음밥 이런 식사를 두 번 주고 간식도 한 번 줍니다. 다 공짜이고 심지어 와인, 맥주 이런 것도 공짜라 달라는 대로 줍니다. 그래도 이제는 비행기 타기 싫습니다. 할 수 없이 탑니다. 북에서 일주일씩 기차 타고 다니던 제가 이렇게 변했습니다.

자랑같이 비행기 탄 이야기를 이렇게 자세히 하는 것은 제가 북에 있을 때 그만큼 비행기 한번 타보는 게 평생의 꿈이었기 때문입니다. 그때는 사람이 비행기 한번 못 타보고 죽으면 정말 억울할 것 같았고, 아직도 북에는 과거의 저와 같은 분들이 있을 것이라 생각합니다. 그래서 '비행기 타면 이렇습니다' 하고 타본 입장에서 자세히 말씀드리는 것이죠. 비행기 한번 타보지 못한 수많은 북한 동포들을 떠올리면 정말 화도 나고요. ……"

10년 동안 대북방송은 "지금까지 서울에서 주성하였습니다"라고 끝을 맺었다. 이번 원고도 그렇게 썼는데, 다 읽고 나니 '여긴 미국인데……'라는 생각이 들었다.

그래서 마지막 문장을 즉석에서 다시 고쳐 녹음했다.

"지금까지 '서울에서 주성하였습니다'라고 방송을 끝맺었는데, 오늘은 '미국에서 주성하였습니다'."

북한에서 매일 밤 몰래 외부의 라디오를 듣는 사람이 수십만 명은 될 것으로 추산한다. 10년째 각종 대북방송을 하다 보니 이제는 탈북민 중에서 "반갑습니다. 저 북에서 선생님 방송 정말 많이 들었습니다"라고 인사하는 사람들을 종종 만난다. 한 탈북 청년은 이 방송을 듣던 끝에 3일이나 노를 저어 한국으로 왔는데, 이것이 언론에 보도됐던 '백령도 노크 귀순 사건'이다. 현재 서울의 한 대학에 재학 중인 그는 나중에 나를 만나 북에서 내 방송을 들었던 소감을 재미있게 들려주었다.

미국 휴스턴에서 녹음한 내용은 금요일 저녁 중파를 타고 북한으로 송출됐다. 미국 시내를 달리는 오픈카를 보고 의성이가 미국을 동경했던 것처럼, 이 방송도 누군가에게 '나도 비행기를 타고 미국으로 가고 싶다'는 욕망을 들끓게 했을 것이다.

총 한번 원 없이 쏴보자

12시가 돼서 오스틴과 의성이가 나타났다. 시간이 꽤 오래 걸렸다. 오스틴의 설득으로 렌터카 회사에서 더 큰 차종으로 바꿔주기로 했지만 근처에 맞춤한 차를 갖고 있는 업체가 없어서 세 곳이나 돌았다고 한다.

그렇게 빌려 온 차는 빨간색 현대 소타나였다. 말이 소나타지, 그랜저 크기로 보였다. 오스틴도 한국에서 파는 차와 미국에서 파는 차가 체통이 다르다며 그랜저급이라고 말해줬다. 하지만 이 차가 소나타인지 그랜저인지는 그 뒤 열흘 넘게 타고서도 끝내 알 수는 없었다. 다만 고장 나지 않고 함께 미국을 횡단해준 것만으로도 고맙다.

오스틴은 오자마자 미안한 표정으로 이렇게 말했다.

미국 횡단 여행길을 우리와
함께했던 빨간 현대 소나타

"원래 오늘 오후에 떠나려고 했는데, 회사 일이 처리가 안 돼서 내일 오후 늦게 떠날 수 있을 것 같아요. 저는 이제 출근해야 해요."

"응. 그래."

다시 의성이와 둘이 남았다.

"오후밖에 없는데 오늘은 어딜 갈까?"

의성이도 마땅한 곳이 생각나지 않는지 머리를 갸웃거린다. 내가 아이디어를 냈다.

"의성아, 난 미국에 오면 총을 마음대로 쏴보고 싶었어. 특히 북에서 M-16이 그렇게 잘 맞는다고 들어서 꼭 쏴보고 싶었는데 전혀 기회가 없었어. 사격장에 가서 총 쏴보지 않을래? 미국이니 한번 원 없이 총을 쏴보자."

의성이가 반색한다.

"형님, 저도 총을 잘 쏩니다. 북에서 자동보총을 4발 쏴서 40점 맞은 사람입니다."

믿어지지 않는 얘기다. 100미터 거리에서 AK-47을 직경 3센티미터 정도 되는 10점 과녁에 명중시킨다는 것은 정말 어려운 이야기다.

"진짜? 나도 한국에 와서 경주에 있는 사격장에서 처음 권총을 쐈는데 첫 사격에서 열 발을 쏴서 98점 나왔어."

이번엔 의성이가 "에이" 하며 손사래를 친다. 그래서 휴대전화를 꺼내 당시 사격이 끝난 뒤 점수판을 찍었던 사진을 보여줬다. 이럴 때는 10년 전 사진까지 보여주는 구글 포터가 참 유용하다.

"그럼 형님, 우리 가서 내기해요."

우리는 즐거운 마음으로 사격장으로 향했다. 북한은 한국보다 더 한 군사 국가다. 그런데 조준 훈련은 정말 많이 하지만 막상 총알이 귀해 실탄 사격 경험들은 많지 않다. 아마 북한에서 온 청년들이라면 누구나 사격장에 가서 총을 쏘자고 하면 들뜨게 될 것이다.

휴대전화를 꺼내 근처 사격장을 검색하니 약 20분 거리에 하나 있었다. 우리는 사격장을 향해 차를 몰았다. 필드 사격장을 상상하며 갔는데 막상 도착해보니 실내 사격장이었다. 그래도 다른 곳을 다시 찾아갈 시간은 없어 바로 들어갔다. 수십 종의 총이 걸려 있는 걸 보니 바로 가슴이 뛰었다.

직원에게 가서 "총을 쏘러 왔다"고 하니 뭐라고 답을 하는데, 직원의 행색으로 보아 오리지널 미국인이 아닌 듯싶었다. 영어를 쓰긴 하는데, 난생처음 듣는 억양과 발음이라 뭐라고 하는지 도통 들리지 않았다. 여권 달라는 말은 알아듣고 내밀었는데, 무슨 종이를 주면서 설명하는 말은 들리지 않았다. 미국 유학 생활 4개월째인 의성이는 더욱 알아듣지 못하는 눈치였다.

한참을 말하던 직원도 답답한지, 갑자기 휴대전화를 꺼내 뭐라고 적어 우리에게 보여주었다. 구글 번역기를 돌린 것이다. 거기에는 "당신이 내 말을 알아듣지 못하니 딴 곳에 가시오"라는 한글 문장이 떡 적혀 있었다. 순간 부푼 희망을 접고 돌아서야 하나 고민이 됐다.

그러나 우리는 목숨 걸고 탈북한 사람들 아닌가. 전혀 말도 모르는 중국 땅에서 살아남았는데 이 정도야 뭐 하는 생각이 들었다. 종이를 보니 체크하는 문항이 깨알같이 열몇 개 적혀 있었다. 대충 감이 왔다.

"오케이, 알아듣긴 어려운데, 글은 다 읽을 수 있어. 이 문장 앞에 체크하면 되지?" 하며 체크하는 시늉을 하니 직원이 고개를 끄덕인다. 됐구나 싶어 종이를 가져가 열심히 체크해 가져갔더니 직원이 또 고개를 젓는다. 자세히 보니 8번 항목인가에 "당신이 설명을 이해하지 못했으면 체크하시오"라는 문장이 적혀 있다. 거기에도 체크했던 것이다. 급히 볼펜으로 체크한 흔적을 막 지우며 "오케이?" 하니 그제야 머리를 끄덕인다. 드디어 1차 관문을 통과한 것이다.

총을 빌리긴 쉬웠다. 그냥 손으로 마음에 드는 총을 가리키니 꺼내줬다. 우리가 선택한 첫 권총은 콜트였다. 군용으로 지휘관들이 많이 쓰는 것인데, 북한 군관들도 비슷한 총을 쓴다. 그런데 이 총은 리볼버에 비해 명중률이 많이 떨어진다. 각자 20발씩 권총탄을 사고, 돈은 나올 때 다른 총을 쏜 것까지 포함해서 한꺼번에 계산하겠다고 했다.

이날 우리는 원 없이 총을 쐈다. 콜트로 시작해 리볼버를 거쳐 발터 계열로 보이는 처음 보는 권총도 쐈다. 다만 M-16은 없어 미국에서 가장 많이 팔리는 AR-15 계열로 사격했다.

표적은 크게 세 가지 모양이었는데, 그중 하나엔 미국이 싫어하는 독재자 16명의 얼굴이 인쇄돼 있었다. 히틀러, 빈 라덴, 후세인 등의 얼굴이 있었는데 김정일의 얼굴도 9번째 표적으로 올라 있었다. 나도 북에선 총을 꽤 쏘는 편이었는데, 권총은 내가 나았고 소총은 의성이가 더 잘 쐈다. 40점 맞았다는 말이 거짓말이 아니었다.

나올 때 계산서를 보니 각자 190발씩 쐈다. 앞으로 이렇게 총을 많이 쏴볼 일이 평생에 다시 있을까 싶다. 그런데 380발 가격이 합쳐서 180달러가 좀 안 되게 나왔다. 서울에서는 권총탄 한 발에 2,000원이 넘으니 70만 원 넘게 줘야 했을 것이다.

이 전함은 북한이 갖다 써도 되겠네

19일 아침이 되자 오스틴은 저녁에 돌아오겠다며 회사로 출근했다. 오후 6시쯤 돌아와서 바로 길을 떠나자는 것이다. 오스틴은 연차가

휴스턴 전함 박물관에 전시된 2만 7,000톤급 전함 텍사스호. 100년 전 함선이라 치기엔 너무 웅장했고, 주포의 직경은 무려 355밀리미터나 됐다.

많이 남아서 여행을 일찍 시작하고 싶었지만 한국 출장에서 돌아오자마자 휴가를 내는 것이 쉽지 않아 보였다.

또 의성이와 나 둘이 남았다. 역시 내가 제안했다. 잠이 오지 않아 뒤척이면서 휴스턴에서 가볼 만한 곳들을 검색해본 결과다. 가장 끌리는 것이 '전함 텍사스'였다. 나는 어딜 가나 전쟁과 관련된 전적지에 마음을 뺏긴다. 현장에 가서 지휘관과 병사의 느낌으로 당시를 상상하는 걸 즐긴다. 의성이도 선뜻 응했다.

10시쯤 집을 나와 한 시간 정도 차를 달려 텍사스 전함 박물관에 도착했다. 휴스턴 시내 중심부에서는 약 30분 거리였지만, 우리가 있는 동네는 서쪽에 있다 보니 도시를 횡단해 가야 했다.

3년의 건조 기간을 거쳐 1914년 3월 12일 진수한 텍사스호의 배수량은 무려 2만 7,000톤에 이른다. 제1차 세계대전 때 건조된 전함으로서는 유일하게 현재까지 남아 있는 함선이다. 직경이 무려 355밀리미터인 주포에서 578킬로그램짜리 포탄을 쏴대던 괴물이었다. 이 포탄이 떨어지면 수영장이 하나씩 생겨났다고 한다. 전함 텍사스는 제2차 세계대전에서 노르망디 상륙작전 때 큰 공을 세웠고, 태평양으로 옮겨 와 이오지마 전투와 오키나와 전투 때 활약했다.

전함의 거대한 주포 옆에서 독일군을 향해 불을 뿜던 1944년을 상상하고, 일본 가미카제의 공격을 받던 장면을 상상했다. 갑판을 뛰어다니던 수병들을 떠올렸다. 군함을 보니 역시 대국의 군함은 다르다는 생각이 들었다. 진수한 지 100년이 넘었는데, 아직까지도 북한 동해안에 가져다 놓으면 북한 해군에 이걸 격침할 능력이 있을까 싶은 생각이 들었다.

북한 해군에서 최고 배수량을 가진 군함은 1970년대에 소련에서 중고로 도입한 1,500톤급 구축함 두 척이 전부다. 동해와 서해에서 한 척씩 기함으로 사용했는데, 지금도 군함으로 사용하는지 궁금하다. 2만 7,000톤급 텍사스함에 비하면 완전히 콩알 크기인 셈이다. 그리고 요새 북한 군함들은 너무 낡아 포를 쏘면 갑판이 뜯겨 나간다고 한다. 그런 북한이니 만약 텍사스함을 공짜로 쓰라고 준다면 아마 그들 입장에선 너무 황송해서 눈물이 날 정도로 과분할 것이다.

전시된 텍사스함을 구경하러 오는 관람객은 많지 않았다. 우리가 구경하는 두 시간 사이에 관람객은 열 명 남짓이었다.

우리가 텍사스함을 구경하는 시간이 하필 영국에서 토트넘과 아스널의 리그전이 열리는 시간과 겹쳤다. 네이버 문자 중계를 보니 손흥민이 골을 넣었다고 나온다. 의성이와 나는 텍사스함의 주포 옆에서 이 경기를 관람할 방법을 찾았다. 한국 네이버의 중계는 해외에서 열리지 않았다. 한참을 애써서 미국 현지 사이트에서 중계해주는 것을 찾았지만 화질이 너무 안 좋았다. 그러나 그것만으로도 다행인지라, 시청을 하다 전반전이 끝나 휴식 시간이 되자 군함을 마저 둘러보고 하선했다.

해외에 나갈 때마다 한국 사이트에서 축구를 볼 수 없는 것이 늘 고역이었다. 그런데 이 문제는 일주일 뒤 오스틴이 간단히 해결해주었다. VPN이라는 아이피 우회 사이트가 있는데, 거기에서 한국 아이피 주소를 찾아 넣는 것이다.

나는 북한 사이트를 보기 위해 이미 비싼 돈을 주고 유료 VPN을 휴대전화에 내려받아 사용하고 있다. 그런데 항상 한국에서 외국 아이피로 바꾸는 것만 했던지라, 외국에서는 반대로 한국 아이피로 바꿀 수 있다는 아주 단순한 이치를 미처 생각하지 못했다.

군함을 보고 나오니 어느덧 2시가 가까워졌다. 아직 집에 들어가긴 이른 시간이라 밥을 먹고 어딜 더 둘러보자고 생각하는데, 텍사스전함에서 불과 1킬로미터 정도밖에 떨어지지 않은 곳에 높은 탑이 보였다.

“저긴 뭔지 모르겠지만 한번 가보자. 아마 밑에 식당도 있겠지.”

텍사스에서
생각해본 주체사상탑

가까이 가보니 탑의 높이가 훨씬 더 높아 보였다. 도착해서 구글 지도를 보니 우리가 선 곳은 샌재신토 기념비San jacinto monument라고 표시돼 있었다. 도대체 왜 이런 벌판에 이렇게 큰 기념비를 세웠는지 그게 궁금해 또 구글을 검색하기 시작했다. 샌재신토 기념비는 텍사스 독립전쟁의 전사자를 추모하는 취지로 샌재신토 전투지에 건립된 탑이다. 높이가 570피트, 즉 대략 174미터였다.

북한이 자랑하는 주체사상탑이 봉화 높이까지 170미터다. 북에서는 주체사상탑이 세상에서 제일 높다고 교육을 받았는데, 여기 와보니 말짱 거짓말이었다. 미국의 변두리 휴스턴에 1930년대에 세운, 주체사상탑보다 더 높은 탑이 있다니…….

이걸 본 것만 해도 이곳에 온 보람이 있다고 생각했다. 샌재신토 전투에 대해 찾아보니 엄청난 의미가 있는 전투였다. 1836년 4월 21일 탑이 있는 바로 이 위치인 샌재신토에서 샘 휴스턴 장군이 지휘하는 텍사스 의용군 부대가 멕시코군과 전투를 벌였다. 전투 결과 멕시코군을 인솔해 왔던 산타 안나 멕시코 대통령이 포로로 잡혔다. 그는

미국의 변두리 휴스턴에 1930년대에 세운,
주체사상탑보다 더 높은 탑이 있다니…….
이걸 본 것만 해도 이곳에 온 보람이 있다고 생각했다.

자신이 석방되는 대신 텍사스 임시 정부에 멕시코 지배권을 양도했고, 그로 인해 텍사스 공화국은 공식적으로 멕시코에서 독립했다. 미국인들은 이를 '텍사스 독립전쟁' 또는 '텍사스 혁명'이라 부른다.

1845년 텍사스는 미국의 28번째 주가 됐는데, 텍사스가 미국과 병합하면 전쟁으로 간주하겠다고 했던 멕시코는 전쟁을 선포했다. 이것이 1846~48년의 미국-멕시코 전쟁이다. 이 전쟁에서 패배한 멕시코는 현재 미국 영토의 3분의 1에 해당하는 거대한 영토를 빼앗겼다.

관련 자료를 읽어보니 내가 당한 일은 아니지만 갑자기 억울한 생각이 들었다. 텍사스의 크기는 70만 제곱킬로미터나 된다. 한반도의 3배가 넘고, 한국의 7배나 된다. 그런데 불과 2,000여 명(텍사스 독립군 900명 대 멕시코군 1,360명)이 기념비가 서 있는 샌재신토에서 싸워 거대한 텍사스 땅의 주인을 결정했다. 나아가 미국 면적의 3분의 1에 해당하는 거대한 땅이 이 전투의 여파로 주인이 바뀌었다.

"의성아, 우리 민족은 너무 불쌍하지 않니? 산이 태반인 손바닥만 한 땅에서 수천 년 역사 동안 수만, 수십만, 심지어 수백만 명이 죽는 전쟁을 얼마나 많이 겪었니. 그런데 여긴 2,000명이 싸워서 이 넓은 땅의 주인을 결정했다니……. 정말 사이즈가 달라도 너무 달라."

한편으로 멕시코가 너무 불쌍해 보였고, '미국의 역사는 침략과 강탈의 역사'라는 북한에서의 교육이 떠올랐다. 샌재신토 전투를 보니 나름의 논리는 있는 주장인 듯했다.

원래 텍사스는 멕시코 땅이었다. 1810년 멕시코에서 스페인의 지배에 반대하는 독립전쟁이 일어났다. 스페인 정부가 돈이 궁해진 상황을 틈타 앵글로색슨 계열의 미국 이주민들이 1819년 초반 멕시코 영토에 속했던 텍사스의 땅을 불하받았다. 이를 시작한 사람이 바로 미국의 사업가 모시스 오스틴이다. 그러나 그는 1821년 사망했고, 그의 아들인 스티븐 F. 오스틴이 아버지의 뒤를 이어 텍사스 개척을 주도했다. 그는 텍사스 땅을 빼앗은 뒤 텍사스의 초대 대통령을 지냈고 미국 국무부 장관까지 지낸 뒤 사망했다. 샘 휴스턴 장군은 오스틴에게 '텍사스의 아버지'라는 찬사를 보냈다.

그 샘 휴스턴이 바로 오늘날 휴스턴이라는 지명의 유래가 됐고, 오스틴의 이름을 딴 도시는 현재 텍사스의 주도가 됐다. 아울러 나와 동행하는 친구 오스틴의 이름도 이 도시 이름에서 따온 것이다. 오스틴이 모집해 온 이주민들이 불허받은 땅은 사실 텍사스 전체 영토에서 차지하는 비중이 얼마 되지 않았고, 초기 이주민의 규모도 300명 정도였다.

1821년 멕시코가 독립을 쟁취하고도 10년 넘게 혼란스러운 상황이 이어지는 틈을 타서 미국에서 수많은 이주민들이 밀려 들어와 텍사스에 자리 잡았다. 이들은 텍시언Texian이라고 불렸다.

멕시코 대통령이 된 산타 안나는 미국에서 텍사스로 이민 오는 사람들이 늘어나자 이 지역을 지배하려는 미국의 음모라고 믿었다. 그는 1834년 텍시언의 무장을 해제하라는 명령을 내렸고, 무단 정착민

텍사스주 곳곳에서 론스타를 붙인 차량을 어렵지 않게 볼 수 있었다.

들에게 텍사스 땅에서 나가라고 요구했다. 그러나 이미 텍시언은 이미 거대한 세력을 형성했고 멕시코에서 독립을 시도하며 반란을 일으켰다. 이를 진압한다면서, 명색이 멕시코 대통령이란 사람이 직접 인솔해 온 군대가 겨우 1,360명이었다. 멕시코는 너무 허약했다. 힘이 없으니 그 넓은 땅을 미국에 빼앗겼다.

현재 미국의 땅은 크게 동부, 중부, 서부로 3등분해서 볼 수 있다. 각각의 면적은 거의 비슷하다. 미국 동부는 유럽 이주민들이 몰려와 개척한 땅이다. 중부는 전쟁을 치르느라 돈이 바닥난 프랑스의 나폴레옹 정부에 미국이 1,500만 달러를 주고 헐값으로 사들인 땅이다.

서부는 텍사스를 시작으로 멕시코에서 빼앗은 땅이다.

샌재신토 기념비는 152미터 높이의 엘리베이터를 타고 전망대까지 올라가게 되어 있었다. 올라가서 보니 무연한 평야와 샌재신토강이 내려다보였다. 기념비의 맨 꼭대기에는 커다란 별이 있다. 이 별의 이름이 바로 '론스타Lone Star, 외로운 별'다. 론스타가 텍사스의 상징이 된 유래가 있다. 샌재신토 전투가 벌어지기 약 한 달 반 전에 이곳에서 차로 3시간 거리인 알라모 요새에서 186명의 텍사스 의용군이 멕시코군에 맞서 전멸한 전투가 벌어졌다. 이것이 유명한 알라모 전투인데, 미국에는 알라모 전투를 소재로 하거나 미화한 영화가 많다. 당시 텍사스 의용군은 미국 정부에 도움을 요청했지만 거절당했다고 한다. 외롭게 싸우다 죽었다고 해서 론스타라는 이름이 생겨났고, 샌재신토 전투에서 텍사스군은 "알라모를 기억하라"라고 외치며 돌격했다고 한다.

그렇게 론스타는 텍사스주의 상징이자 별칭이 됐다. 이 때문에 텍사스를 여행하는 내내 론스타란 이름을 수없이 볼 수 있었다. 깃발에도 론스타가 새겨져 있었다. 미국 어디를 가도 별 하나를 번호판에 새긴 차들을 볼 수 있었는데, 이는 텍사스 차라고 한다.

우리에게 익숙한 '외환은행 헐값 매각 사건'의 주인공인 사모펀드 론스타 역시 텍사스 댈러스에 본사가 있다. 석유가 많이 나는 텍사스에는 석유 자금을 굴리는 사모펀드가 많다.

미국에는 주마다 별명이 있다. 캘리포니아주는 '골든 스테이트',

뉴욕주는 '엠파이어 스테이트', 플로리다주는 '선샤인 스테이트' 하는 식이다. 텍사스주의 별명은 '론스타'다.

우연히 샌재신토 기념비에 들렀다가 미국 역사를 꽤 많이 알게 됐다. 전혀 의도하지 않았던 일이다. 그런데 그날 밤 우리가 묵게 될 호텔 역시 바로 알라모 요새일 줄은 상상도 하지 못했다. 우연히 알라모 요새까지 가다 보니 이번 여행은 미국 역사 여행이 된 듯싶기도 했다.

왜 북한 고속도로는 직선으로 만들지 않을까?

집으로 돌아오니 5시가 넘었다. 퇴근하고 돌아온 오스틴이 떠날 준비를 마치고 기다리고 있었다. 19일 오후 6시. 3일 동안 휴스턴에만 머물다가 드디어 출발했다. 벌써 밖은 어둑어둑해지고 있었다. 밤 10시경 샌안토니오에 도착해서 자는 것이 오늘의 계획이다. 출발하고 얼마 뒤 오스틴은 휴스턴 교외의 한 식당가에 차를 세웠다.

"여기서 저녁 먹고 가요."

여러 음식점이 있었지만 우리가 들어간 집은 뷔페식 중국 식당이었다. 한국의 중국집과 미국의 중국집 맛은 어떻게 다른지 비교해보고 싶다는 내 제안 때문이었다.

"진짜 중국 음식처럼 할 수도 있고, 미국 입맛으로 진화한 중국집

일 수도 있고. 아무튼 그게 궁금해. 더구나 뷔페니까 우리가 지금 배고픈 상태에서 본전을 뽑을 수도 있고……."

내 말에 오스틴과 의성이가 군소리 없이 찬성했다. 우리가 들어간 식당의 중국 음식 종류는 한국과 비교할 수 없을 정도로 많았다. 더구나 가격도 너무 쌌다. 우리는 역시 미국이 먹을 것은 싸다고 감탄하며 두 접시씩 비웠다.

밥을 먹으면서 의성이는 탈북해서 연길에 숨어 있을 때 먹었던 '인생 음식'에 대해 얘기했다. 그때 먹은 채소 넣은 볶음밥이 그렇게 맛있었다고 했다. 하긴 나도 탈북한 뒤 중국에서 먹었던 양꼬치가 아직도 기억 속에 남아 있다. 그 분위기와 냄새까지도 생생하다.

미국 중식당의 요리는 한국과 다른 것 같으면서도 또 별로 차이가 없는 것 같기도 했다. 결국 나는 미국에서 파는 중국 음식에 대한 결론은 내지 못했다. 갈 길이 먼 우리는 주변에서 천천히 음식을 먹는 다른 사람들과는 달리 허겁지겁 먹고 일어났다.

"식당 사람들이 우리 보고 놀라겠다. 아시안 세 명이 들어와서 군대 식당에서처럼 정신없이 먹어대고 급히 일어나 나가니 말이야."

우리는 다시 차를 타고 나섰다. 이번에는 의성이가 운전대를 잡았다. 이번의 화제는 미국 드라마였다. 오스틴이 말했다.

"미국은 드라마가 시즌 1, 시즌 2 이렇게 나가요. 보통 1년에 시즌 하나가 나오는데, 매 시즌은 보통 10부작이에요. 시즌 세븐 하면 대략 7년 연속한 드라마라고 보면 돼요."

"그거 참 대단하네. 미국 사람들이 여유 많고 성격이 느슨하니 그렇게 느긋하게 봐주지, 한국 사람들은 급해서 그걸 못 참아. 인기 있는 드라마가 5년씩 끌면 작가 납치해놓고 빨리 써내라고 야단칠지도 몰라."

사실 나는 미국 드라마를 별로 본 적이 없다.

"난 '하우스 오브 카드'라는 드라마 10부도 채 보지 못했던 것 같아."

미국 드라마에 대한 상식이 별로 없었던 나는 봄에 만났던 한국 작가를 떠올렸다.

"내가 봄에 미국 드라마를 한국에서 리메이크하려는 작가를 만난 적이 있어. 그게 무슨 드라마냐면 '지정생존자'라고, 넷플릭스에도 있더라고. 작가가 나를 만나자고 한 건 중요한 주인공 중 한 명을 탈북해서 한국에서 공무원이 된 사람으로 설정하려고 해서였고."

"그래서 그 드라마 언제 나온대요?"

"내 생각엔 못 나올 것 같아. 요즘 한국에서 친여 성향의 방송사들이 아무리 설정이라고 해도 문 대통령 이하 각료들을 몽땅 폭사시키는 그런 장면을 내보낼까? 더구나 지금 남북 화해 협력의 시대인데 말이지."

하지만 이 책을 쓰는 지금, 나의 이 예상은 빗나갔음을 고백해야 한다. "지정생존자"는 2019년 6월 말에 방송을 탔다. 대통령 대변인을 탈북민 청년으로 설정했다. 드라마가 끝난 뒤 김태희 작가와 다시 만나 술 한잔하면서 "못 나올 거라고 예상했는데 끝내 대박 드라마를 만들어내 대단하다"고 엄지를 치켜들었다.

다음 화제는 고속도로로 옮겨 갔다.

"의성아, 이건 길이 쭉 그냥 직선이니 운전하기 피곤하겠다. 곡선도 좀 섞여 있어야 운전하는 맛도 있고 졸음도 오지 않을 텐데."

"그러게요. 이 길 운전하니 북한의 '알아맞히기' 문제가 생각나요. '왜 고속도로는 직선으로 만들지 않을까요?' 이런 문제가 있었어요. 근데 여기는 다 직선이네요. 하하."

"북한에 그런 문제도 있었어? 그래서 답은 뭔데?"

"고속도로를 직선으로 만들면 운전자 시각에선 변화가 없이 같은 물체만 계속 보여서 졸음을 유발한다, 정답은 그렇게 돼 있어요."

"아, 그런데 북한 아이들이 직선인 고속도로를 봐야 상상하면서 문제를 풀지. 이동의 자유가 제약된 북한에서 고속도로 타본 애가 과연 몇 명이나 되겠나. 또 말이 고속도로라고 그나마 일부 지방에 좀 있는 것도 사실상 여기 국도보다도 못하고 엄청 곡선이 많은데 말이야. 문제 참 이상하다."

"하하. '직선 고속도로보다 우리나라 도로가 졸음도 유발하지 않고 더 좋다'라는 걸 정답이라 하지 않을까요?"

"잠깐이라도 졸면 죽는 우리나라 도로 최고다, 이럴지도."

우리는 한동안 낄낄 웃었다.

2. 텍사스 지평선의 노을

★★★

아이비리그를 졸업한 묵한 청년

대화의 주제는 이제 영어로 옮겨 갔다. 몇 달 전 교환학생으로 온 의성이는 영어를 배우느라 죽을 맛이라고 했다.

"오스틴 형, 형은 영어를 어떻게 공부했어요?"

의성의 질문을 받은 오스틴은 자신의 영어 스토리를 풀어놓기 시작했다.

"난 한국에서 고등학교 들어가서 처음 영어 공부를 시작했어. 한국 사람들이 영어를 못 하는 것은 귀가 뚫리지 않아서야. 나는 영어 배울 때 친구가 쓰던 MP3 플레이어를 얻어 와서 안에 있는 음악은 모두 지우고 영어 뉴스와 영어 성경을 집어넣었어. 그리고 그걸 음악 듣는 것처럼 계속 듣고 다녔던 거야."

"이해가 안 돼도요?"

"이해는 필요가 없어. 아는 영어 단어인데도 외국 사람이 말하면 알아듣기 힘든 건 그 발음이 익숙해지지 않았기 때문이야. 가령 한국말은 귓속말로 이야기해도 잘 들려. 그건 한국 사람들이 말하는 음이 어려서부터 귀에 익숙하기 때문이거든. 영어는 음이 익숙하지 않기 때문에 아무리 아는 단어라도 처음엔 잘 안 들려. 그래서 무작정 듣는 거야. 영어는 영어 음파가 따로 있어. 그걸 귀에 익숙하게 만드는 거야. 그리고 나중엔 라디오를 사다가 침대 밑에 놨어. 그냥 집에 들어왔다가 나갈 때까지, 잘 때도 영어가 계속 들리게 하는 거지. 그렇게 귀를 뚫었어. 한국에선 난 귀가 뚫린 줄 알았어. 그런데 미국에 와서 보니 내 귀가 뚫린 것이 아니구나 하는 것을 새삼 깨닫게 되더라고."

"한국에서 뚫렸다 생각할 때까지 얼마나 걸렸어요?"

"대화할 때 원어민의 말을 85% 이상 이해하는 수준까지 한 2년 걸렸어. 해외로 외국어 공부하러 온 사람들은 몇 달만 지나도 귀가 뚫렸다고 생각하지만, 그건 착각이야."

"정말 저도 지금 그런 착각 하고 있어요. 그럼 언제 영어를 한다고 말할 수 있어요?"

"상대방하고 영어로 농담을 할 수 있으면 비로소 영어가 시작됐다, 이렇게 보면 돼."

"어휴……."

항상 씩씩하던 의성이가 이마를 찌푸리고 깊은 한숨을 내쉬었다.

"제가 있는 대학에서 보면 이집트와 남미에서 온 애들이 있는데, 말은 정말 잘하는 것 같은데 리딩을 정말 못 해요. 그런데 그게 오히려 부러워요. 나는 읽기, 쓰기는 좀 되는데 말이 안 되니까. 알아듣지를 못 하고 말이 안 나가고 하니."

"우린 문법을 틀리지 않으려고 생각이 많아. 그런데 미국 애들도 말할 때 문법을 틀리는 애가 굉장히 많아. 미국 대학에 들어가면 English 101이라고 글쓰기 강의 무조건 들어. 물론 대학마다 교과 이름이 좀 다르긴 하지만 어쨌든 글쓰기 강의는 필수야. 무조건 리포트 쓰는 것부터 시작해서 각주 다는 법까지 배워야 해, 1년 동안. 그 수업에 들어가면 미국 애들도 영어를 얼마나 못 하는지 알게 되는 거지. 참, 성하 형. 한국도 대학 1학년에 들어가면 글쓰기 가르쳐요?"

"모르겠어."

그나마 한국에서 대학 1학년을 다녀본 의성이가 "그건 선택이에요"라고 대답한다.

"물론 아이비리그에 오는 애들은 수준이 높은데, 일반 대학에 가보면 영어 못 쓰는 애들이 굉장히 많아요. 나보다 더 못 쓰는 애들도 있었어요."

참고로 오스틴은 미국에서 일반 대학과 아이비리그를 다 다녔다. 그는 내처 자신이 한국에 처음 왔을 때 이야기를 들려주었다.

"내가 한국에 처음 왔을 때 스무 살이었어. 오자마자 중학교 3학년에 들어갔어."

"스무 살에 중학교요?"

"하나원에 있을 때 곰곰이 생각해보니 내가 한국에 놀러 온 게 아닌 거야. 여기서 평생 살아야 하는데, 그러자면 이 나라를 이해해야 하고, 이해에서 제일 중요한 것은 교육이라고 판단한 거지. 반면에 내 친구들은 모두 검정고시를 보고 바로 대학을 갔어. 그 나이에 오면 학교에 다니지 않고 검정고시를 보는 게 일반적이야. 어떤 애들은 1년 만에, 또 어떤 애들은 2년 만에 대학에 갔어. 그런데 나는 중학교에 갔지. 나는 한국에 오기 전에 7년 동안 학교를 못 다녔거든. 북한에서 2년 못 다녔고 중국에서 5년 있느라 못 다녔어. 하나원을 나와 처음 집을 경기도에 받았고 거기 있는 중학교를 졸업했는데 지인이 부산에 괜찮은 고등학교가 있다고 추천한 거야.

그 학교에 가보니 탈북 학생 몇 명이 이미 와서 공부하고 있는데 눈들이 모두 초롱초롱하더라고. '아, 이 학교에 오면 나도 애들처럼 초롱초롱해지겠구나.' 그래서 중학교 졸업하자마자 망설임 없이 바로 부산에 있는 고등학교로 진학했지. 처음에 내가 워낙 책을 좋아하다 보니 국어 성적은 잘 나왔어. 중국에서 학교는 못 다녔어도 책은 몇백 권은 읽었거든."

"중국에서 한국어로 된 책을 읽었나요?"

"응. 난 연길에 숨어 살았는데, 연길서점 2층에 가면 한국어 책들이 많았어. 《수호전》, 《삼국지》, 《서유기》는 세 번씩 읽었어. 그리고 그때 인생의 책을 읽었지."

"뭔데요?"

"데일 카네기의《인간관계론》이야. 그때가 열일곱 살 때였어. 그건 지금도 생생하게 머리에 남아 있어. 그때 구절들을 베껴가며 외웠고, 그 영향으로 내가 많이 변했어."

"아, 그 책은 저도 읽었어요. 북한에서도 전자책으로 몰래 돌았거든요. '카네기의 인간관계론', 이렇게 제목이 돼 있었는데 토막토막 나눠져 있었어요. MP4로 몰래 다운받아 읽으면서 황홀한 생각이 들었댔어요."

동생들의 대화를 듣다가 갑자기 부끄러워졌다. 나름 책을 많이 읽었다고 생각했고 카네기의《인간관계론》도 읽은 것 같긴 한데 내용이 별로 기억나지 않았다.

"그렇게 괜찮은 책인가. 나도 한번 다시 봐야겠다."

의성이가 손사래를 쳤다.

"그 책을 지금 형이 읽으면 재미없을 거예요. 너무 당연하고, 또 너무 많은 책들에서 본 것 같은 생각도 들 것이고. 그런데 북한에서는 주체사상만 알다가 봤으니 충격이었죠. 그런데 어찌 보면 주체사상과 비슷한 것도 있어요. '모든 것이 너에게 달렸다' 이런 거니까."

오스틴도 거들었다.

"어쩌면 김일성이 이 책을 읽고 흉내 냈을지도 몰라요. 그 책이 1930년대 나왔으니까. 요즘 한국에 얼마나 많은 자기계발서가 있나요. 이 책은 그 원조라고 말할 수 있어요. 세상에서 가장 많이 팔린 책 중의 하나니까."

"김일성이 읽었겠나, 황장엽이 읽었겠지. 아무튼 오스틴 얘기를 마저 듣자."

"고등학교 2학년 때 장학생으로 뽑혀 뉴질랜드로 어학연수를 갔어. 와, 완전 힐링이었지. 말이 쉽지, 낯선 한국에서 스물한 살에 고등학교 들어가 네댓 살 어린 동생들이랑 공부했고, 나이 차이 몇 살 안 되는 선생님도 있었고, 스트레스 엄청 받았어. 그런데 뉴질랜드 갔더니 완전 다른 세상이었어. 대학은 여기에 와야겠다 싶어서 어학연수 간 김에 어떤 대학이 있는지, 지원은 할 수 있는지 이런 것을 조사했지."

나는 이번 대화에 참여하지 않고 뒷자리에서 주로 듣기만 했다. 오스틴이 말할 때마다 그의 처지에 이입돼 상상했다. 북한에서 학교를 6년 다니다 탈북해서 중국에 5년 동안 숨어 있던 10대 소년이 연길서점의 구석에 숨어 책에 몰입하는 장면을 상상했고, 20세 때 중학교 3학년 수업을 듣던 모습도 떠올렸다. 그건 엄청난 용기였다. 나였어도 부끄러워 검정고시를 선택했을 것이다. 그런데 20세에 중학교를 찾아갔던 그 용기가 결국 탈북민 최초의 아이비리그 학부 졸업이라는 결과를 만들어냈을 것이다. 고등학교 때 이어폰을 줄곧 끼고 살았던 소년의 모습도 떠올렸다.

"우리 정말 치열하게 살았지."

직선 고속도로는 졸음을 유발한다는 말은 사실인 듯싶었다. 깜깜한 도로에는 차도 별로 없었다. 운전도 하지 않은 나는 상상 속을 헤매다 깜빡 잠이 들었다.

알라모 요새에서
전동 킥보드를 타다

"형님, 도착했어요."

동생들이 툭툭 깨우는 바람에 눈을 떴다. 첫날 계획대로 밤 10시경에 무사히 샌안토니오에 도착했다. 샌안토니오는 사실 내겐 생소한 도시였다. 하지만 휴스턴에서 차로 3시간 거리인 이 도시는 인구수로만 따지면 140만 명이 넘어 미국 내 7대 도시에 속한다. 그럼에도 큰 사건이 일어난 적이 없어서 많이 알려지진 않았다.

우리가 투숙할 곳은 '호텔 깁스 다운타운 샌안토니오 리버워크'라는 긴 이름을 가진 낡은 호텔이었다. 지은 지 100년이 됐다고 한다. 호텔로 들어가다가 보니 길 건너편에 보존을 위해 일부러 남겨놓은 듯한 낡은 건물이 보였다. 저게 뭐지 싶어 구글 지도를 꺼내 찾아보니 그곳이 바로 알라모 요새였다.

참 묘한 일이다. 나의 이번 여행은 미국 역사나 텍사스 역사와는 전혀 무관했고 애초에 공부를 해야겠다는 계획도 없었다. 그런데 오전에 우연히 찾아간 곳이 샌재신토 기념비였고, 저녁 늦게 도착한 것이 샌재신토 전투와 가장 밀접한 곳인 알라모 전투 기념비였다. 그러다 보니 샌재신토와 알라모 전투와 관련된 글을 찾아보게 됐고, 덕분에 텍사스 독립의 역사와 아울러 미국 역사까지 깊이 공부하게 됐다. 결과적으로 나쁘진 않은 일이다.

알라모 전투는 사실 전쟁사라고 보기도 어려울 정도의 소규모 전투였다. 하지만 미국에서는 거의 건국신화나 영웅 신화처럼 취급되어왔고 미국인들 사이에서 그만큼 잘 알려졌다. 알라모 전투는 결과적으로 미국이 멕시코로부터 엄청난 크기의 영토를 빼앗는 도화선이 됐고, 반대로 멕시코는 이 전투를 기점으로 영토의 절반을 뺏겼다.

1836년 2월 23일 텍사스 의용군 186명과 멕시코군 1,800명 이상이 이곳에서 전투를 벌였다. 의용군은 3월 6일까지 13일에 걸쳐 저항했지만 텍시언 3명을 제외하고는 전멸했다. 이 전투에서 보여준 멕시코의 잔인성에 많은 텍시언들이 분노해 텍사스군에 입대했고, 그 복수심으로 1836년 4월 21일 샌재신토 전투에서 열세를 극복하고 승리했다. 그렇게 텍사스는 독립했다.

샌재신토와 알라모의 역사를 하루 종일 공부하긴 했지만 어떤 판단을 내리고 싶진 않았다. 미국을 칭송하고 싶지도 않지만 그렇다고 비난하고 싶지도 않다. 역사는 이미 지나간 일이다. 그때는 그때의 논리와 해결 방법이 있었을 것이다. 텍사스가 만약 지금 멕시코에 포함됐다면 어찌 됐을까 잠깐 상상해봤는데, 어쩌면 텍사스 사람들

아침에 찍은 알라모 요새 모습

은 자신들이 멕시코 국민이 아니라 미국 국민이어서 다행이라고 생각할 듯도 싶다.

짐을 방에 내려놓고 다시 나와 182년 전 500명 이상의 목숨이 스러져간 알라모 유적지 앞의 광장을 걸었다. 그 앞에는 전투 당시를 묘사한 그림들이 많았다. 나는 주요 전적지에 가면 그 당시를 상상해보는 습관이 있다. 그러는 동안 내 표정은 대단히 엄숙해진다.

그림을 하나하나 들여다보면서 당시를 상상하며 걸어가는데, 갑자기 "형" 하는 소리와 함께 전동 킥보드가 눈앞으로 휙 지나간다. 의성이가 어느새 광장 구석에 비치된 대여용 전동 킥보드에 올라탄 채 즐거워한다. 역시 20대는 20대인 것이다. 의성이는 본인이 타는 데서 그치지 않고 나에게도 타보라고 계속 권한다. 내 얼굴에서는 엄숙함이 사라졌다. 어느새 나도 생전 처음 전동 킥보드를 타고 웃고 있었다. '젊음은 이렇게 전염되는 거구나.'

모두 그렇게 한 30분 즐겁게 지내다 호텔로 돌아갔다. 호텔 입구에서 종업원을 보자 갑자기 궁금한 것이 생겼다. 아까 봤던 그림들로 미뤄봤을 때 전투가 벌어졌던 알라모 요새는 지금보다 훨씬 더 컸던 듯싶었고, 비율상 대충 따져봐도 우리가 머물 호텔도 치열한 전투가 벌어졌던 알라모 요새 오른쪽 벽쯤의 위치가 아닌가 싶었던 것이다. 종업원에게 물어보니 과연 호텔은 알라모 요새의 중요 전투 장소에 들어선 것이라고 한다.

잠자리에 누우니 다시 표정이 엄숙해졌다.

'미국의 역사를 바꾸고 수많은 사람들이 마지막 숨을 내쉬었던 곳에서 지금 우리가 잠을 청하는구나.'

청계천의 모델
리버워크

20일 아침이 밝았다. 우리는 호텔 조식으로 아침을 간단히 요기하고 호텔을 나섰다. 오스틴이 소개한 샌안토니오의 명물 '리버워크'를 산책하기 위해서였다.

리버워크는 샌안토니오 도심 구간을 지나가는 강변 산책로로 총 길이가 5.8킬로미터라고 한다. 작은 계단을 따라 내려가면 폭 8~10미터의 작은 강이 있다. 이 리버워크는 이명박 전 대통령이 청계천을 개발할 때 주요하게 참고했던 곳이라고 한다.

그런데 정작 가보니 청계천과는 판이하게 달랐다. 인공적인 느낌이 전혀 나지 않는 것이다. 하긴 리버워크는 1세기에 걸쳐 만들어졌다는 것을 당연히 참고해야 한다. 그런데 청계천은 1세기가 지난 뒤에도 리버워크처럼 될 것 같진 않다. 리버워크는 카페, 레스토랑, 호텔, 쇼핑점 등이 산책로 주변에 가득하지만, 청계천에는 산책로밖에 없기 때문이다. 물론 청계천이 꼭 리버워크를 닮을 필요는 없다. 서울처럼 인구 많은 도시의 강변 산책로에 리버워크처럼 카페, 레스토랑까지 들어섰다면 사람들이 몰려와 지옥이 되지 않았을까 하는 생각도 한다.

또 리버워크는 수심이 깊어 관광용 유람선이 다니는데, 청계천이었다면 어림도 없는 일이다. 리버워크 옆의 건물들에서는 성조기보다는 별 하나가 그려진 텍사스 깃발이 더 많이 펄럭였다. 이곳 사람들은 자신의 조상들이 현재의 미국을 세우는 데 이바지했다는 자부심이 가득한 듯싶다.

리버워크를 돌아볼 때 유난히 미군 병사들이 자주 보여 오스틴에게 물어보니 이곳에 미군 신병학교가 있다고 했다. 미군 공군 입대자가 기초 군사 훈련을 받는 래클랜드 공군 기지가 이곳에 있고, 미

샌안토니오의 명물 '리버워크'의 모습.
강과 건물이 붙어 있었다.
서울처럼 인구 많은 도시의 강변 산책로에
리버워크처럼 카페, 레스토랑까지 들어섰다면
사람들이 몰려와 지옥이 되지 않았을까 하는 생각도 한다.

육군 의무 사령부와 의무학교가 있는 포트 샘 휴스턴도 샌안토니오에 있었다.

나는 아직 가보지 못한 이탈리아의 도시 베네치아를 떠올리며 약 두 시간 동안 리버워크를 산책했다. 그리고 강변의 한 카페에 들러 모닝커피를 마신 뒤 호텔로 돌아와 다음 목적지를 향해 길을 떠났다. 그런데 차로 한 10분쯤 갔을 때 오스틴이 아까 커피를 마신 카페의 야외 테이블에 카드를 놓고 왔다며 이마를 탁 친다. 스마트폰의 편리함은 이런 때 나타났다. 이름도 모를 그 카페를 지도에서 검색해 전화를 거니 카드가 거기에 있다고 했다. 다시 돌아가 카드를 찾아 떠나려고 보니 12시가 다 됐다.

다음 목적지인 미들랜드는 오스틴이 미국에 첫발을 뗀 도시다. 미들랜드까지는 무려 460킬로미터를 달려야 한다. 무연한 텍사스의 평야를 우리는 달리고 또 달렸다. 나무가 많았던 구릉이 어느새 점점 마른 나무가 가득한 황야로 바뀌더니 나중에 초원으로 변했다. 끝이란 것이 애초에 존재하지 않는 듯한 그 초원에서 나는 저도 모르게 이렇게 말했다.

"여기서는 적을 어떻게 찾아 싸웠지? 그게 신기해. 한반도야 작으니 다니다 보면 적을 마주치게 돼 있어. 여긴 몇십, 몇백 명 단위 적을 어떻게 찾지? 옛날에는 길도 없고 지도도 없었는데 말이지. 그런데도 신기하게 또 잘 만나서 싸워. 싸우다 숲으로 도망쳐 숨으면 어떻게 찾아. 이 넓은 땅에서 말이야. 다 달아나면 못 찾잖아. 진짜로 피곤하게 싸운 듯하네. 전략적 요충지가 있는 걸까? 지금 보면 진짜 잘 모르겠지만 19세기 사람들이 싸운 것을 보면 아무튼 신기해."

"그래도 서로 차지하려는 땅이 같은 땅이니 전략적 요충지 정도는 알지 않았을까요?"

의성이가 이렇게 답한다. 그런데 150년 전을 상상해보면 높은 산 하나도 제대로 찾아보기 어려운 이 황야에 전략적 요충지가 있었을까 싶다. 여기가 저기 같고 저기가 여기 같은데, 뭘 어떻게 하면 요충지가 되는 건지 이해하기 어려웠다.

긴 여정이라 오스틴과 의성이가 번갈아 운전했지만 아무래도 막내가 운전을 더 많이 했다. 그래도 의성이는 너무 신난 듯했다.

"북한에선 소달구지만 타도 그렇게 즐거웠는데, 하하."

어떤 상황에서든 웃음을 잃지 않는 쾌활한 동생과 함께한다는 것은 나로서도 행운이었다.

아직 여기가 텍사스인 것을 말해주듯 길에는 별 하나를 붙인 탑차가 참 많이 보였다.

승냥이 미제 침략군을 만나 변절자 되다

미들랜드에 도착한 것은 저녁 7시 반쯤 된 뒤였다. 우선 호텔을 찾아가 짐을 내려놓은 뒤 오스틴의 양부모님을 찾아뵈었다. 오스틴은 한국에서 교회의 소개를 받아 처음 이 외진 도시에 왔다. 그 당시 미들랜드는 매우 잘나가는 도시였다. 텍사스 하면 흔히들 석유를 떠올리는데 미들랜드가 바로 석유의 도시였다.

전국에서 몰려든 사람들 중에는 한인도 적지 않았다. 그들은 이 도시에 한인 교회를 만들고 예배를 시작했는데, 처음 이 교회에 북한에서 왔다는 더벅머리 소년이 나타났을 때 사람들은 친절한 듯 보여도 경계심을 가졌을 것이다. 오스틴은 이 도시에서 커뮤니티 칼리지를 다녔다. 집에서 돈을 대줄 형편이 못 됐기 때문에 그는 10년도 훌쩍 넘은 낡은 차를 빌려서 운전하며 이 도시의 흑인 동네에 가서 가발을 파는 아르바이트도 했다.

가장 괴로운 문제는 첫 방학 때 생겼다. 방학에는 기숙사가 문을 닫는데, 오스틴은 그 몇 달 동안 갈 곳이 없었던 것이다. 그때 선뜻 오스틴을 받아준 집이 있었다. 그 집 사모님은 한인이고, 남편은 공수부대 장교로 한국에서도 근무한 적이 있는 백인 남성이다. 군에 있을 때 뛰어난 헬리콥터 조종사였던 그는 제대 후에 미들랜드 경찰로 재직 중이다. 이들은 그 일을 계기로 오스틴의 양부모가 됐다.

오스틴이 하는 고마운 사람들에 대한 이야기를 들으며 나는 얼마 전에 봤던 「미스터 션샤인」의 한 대사를 떠올렸다.

"13부였던가. 이병헌이 해변에 앉아 김태리에게 이렇게 말하는 내용이 있어. '내가 돌아보니 여기까지 오는 데는 고마운 사람들이 많았소. 나를 미국에 보내주신 분, 미국에서 나를 키워주신 분, 나를 보고도 못 본 척해준 추노꾼들…….' 김태리가 '그 사람들의 은혜가 모아져서 이렇게 훌륭히 성장한 거군요'라고 말하니 이병헌이 '멋있게 크느라 고생했소'라고 대답하지."

마치 그 대사는 오스틴을 위해 쓴 대사 같았다. 드라마를 보지 못한 오스틴은 그 대사를 듣고 먹먹한 듯 "아" 하고는 말을 잇지 못한다.

양부모님 집에 도착하니 두 분이 마중 나와 반갑게 맞아주었다. 집 앞에는 새로 뽑은 듯한 경찰차가 있었는데 양부가 경찰서에서 새 순찰차를 받았다고 들뜬 기분으로 설명해주었다.

집 안에는 군복을 입은 양부의 사진이 많이 걸려 있었다. 마침 부친의 뒤를 이어 하와이 공수부대에 복무하고 있는 아들도 휴가차 와 있었다. 조만간 그는 아프가니스탄에 파병을 갈 예정이라고 했다.

다정하게 이야기하는 이들을 보니 새삼 야릇한 생각이 들었다. 북한에선 미국 사람을 미국 놈이라고 배웠고, 미군은 승냥이 미제 침략군이라고 교육을 받았다. 그 논리에 따르면 오스틴의 양부는 남조선에 침략군 장교로 왔던 승냥이 미제가 되는 셈이고, 아들은 중동으로 파병되는 미제 악당인 셈이다. 하지만 직접 만난 이들은 그렇게 상상할 수가 없었다. 그들은 정의와 평등을 이야기하고 있었고 남에게 베풀기를 좋아하는 사람들이었다.

내가 대화에 끼어들었다.

"전 북한에서 대공포 부대에 근무했습니다. 만약 그때 전쟁이 났다면 당신이 타고 오는 비행기를 쏴야 했을 겁니다. 어쩌면 제 후배들이 지금 북에서 아드님이 타고 올 비행기를 노리고 있는 셈입니다."

모두가 크게 웃었다. 우리가 '미제 승냥이'라고 배웠던 그 사람들이 친절한 마음으로 북한에서 온 오스틴을 양자로 받아주었고, 외진 미국의 도시에서 고생하는 그를 위해 온갖 편의를 제공해주었던 것이다.

우리는 술을 함께 마시며 친구가 됐다. 사람과 사람이 만난 것이다. 아니, 북한의 입장에서 보면 나는 변절해 철천지원수 미제 승냥이들의 편이 된 것이다. 사막의 저녁은 빠르게 지나갔다.

뉴멕시코 평야의 감동

21일 아침 미들랜드를 떠나기 전에 조시 W. 부시 대통령이 살던 집을 찾아갔다.

1948년 조지 H.W. 부시와 바바라 피어스 부부는 2세 된 아들 조지 W. 부시를 품에 안고 미들랜드에 왔다. 이곳에 막 유정이 발견될 때였다. 아버지 부시는 이곳에서 유정 굴착 회사를 운영했다. 몇 년 뒤인 1950년대부터 모래 바람만 날리는 황량한 미들랜드에는 미국 전역에서 석유를 찾는 사람들이 몰려들었다. 도시는 붐볐고, 번창했다.

한발 앞서 자리 잡은 아버지 부시는 이곳에서 돈을 벌자 1955년

가운데가 조시 W. 부시 대통령이 2세부터 9세까지 살았던 집이다.

휴스턴의 큰 집으로 이사 갔다. 7년 동안 살았던 미들랜드의 저택에서 부시 부부는 장녀인 로빈 부시와, 나중에 플로리다 주지사를 지냈고 공화당 유력 대선 후보로까지 나섰던 셋째 존 엘리스 부시를 낳았다.

로빈은 4세이던 1953년에 백혈병에 걸려 사망했다. 바버라 여사가 평생 마음에 안고 산 딸이었다. 2018년 바버라 여사가 사망했을 때, 한 미국 언론이 천국에서 어린 딸과 만나 기뻐하는 그녀의 모습을 상상해서 그린 삽화를 실었던 기억이 난다.

두 명의 대통령이 살았던 집은 주변 다른 집과 전혀 다르지 않게

우리는 텍사스 평원을 가로질러 달리고 달렸다.

평범한 모습이었다. 안내판만 하나 덩그러니 놓여 있을 뿐 흔한 울타리조차 없어 누구나 쉽게 접근이 가능했다. 물론 현재 이 집에는 사람이 살지 않는다. 내부에는 기념관처럼 각종 사진이 붙어 있었다.

사업가인 아버지 부시와 어린 아들 부시가 뛰어놀았던 뒷마당에서 잠시 그때를 상상하며 상념에 잠겼다.

"애들아, 우리 여기서 기를 팍팍 받고 가자."

역시 우리는 한국인이었던 것이다.

오전 11시경 우리는 미들랜드를 벗어났다. 오늘 드디어 텍사스를 벗어나는 것이다. 다음 목적지는 그랜드캐니언이지만, 한 번에 가기는 어렵기 때문에 도중에 어딘가에 들러 하루 자고 가야 했다. 그래서 이날의 목적지는 700킬로미터 떨어진 뉴멕시코주 산타페로 잡았다.

산타페까지는 미들랜드에서 바로 가도 7시간쯤 되는 거리인데, 우리는 미들랜드에서 2시간쯤 떨어진 러벅이란 도시로 약간 돌아가기로 했다. 그러면 한 시간 정도 더 걸린다. 그럼에도 러벅을 경유하는 것은 오스틴이 미들랜드에 머물던 시절 그를 아들처럼 여겨준 교포가 초대했기 때문이다.

도시에 도착하니 중년의 부인 3명과 남성 한 명이 나와서 맞아주었다. 마치 아들을 만나는 듯 반기는 그들을 보면서 나는 '미국 교포들은 참 순수한 분들이 많다'는 느낌을 받았다. 립스테이크 식당에서 두 시간 정도 식사하면서 나누는 대화를 듣고 있자니 더벅머리 소년 오스틴이 미국에서 어떻게 바르고 착실하게 살았는지 말을 하지 않아도 알 수 있었다.

산타페로 가는 길은 사막이라기보다는 황량한 황무지에 가까웠다. 겨울이라 그런지 누런 풀이 누운 벌판에 잎사귀 없는 잡관목과 석유 시추기가 군데군데 서 있는 평야로 우리는 달리고 또 달렸다. 광활한 뉴멕시코 평야의 감동을 달리는 내내 느낄 수 있었다.

뜨거운 햇볕이 도로에 아지랑이를 만들었다. 의성이는 "12월에 선크림을 바르고 달려야 할 줄 몰랐다"며 툴툴거렸다.

몇 시간은 열차가 지나가는 철길과 나란히 달리기도 했다. 언덕이

155량의 화차가 컨테이너를 2층으로 싣고 가고 있다.

없어서 그런지, 지나가는 기차가 길고도 길었다. 한번은 마음먹고 지나가는 화차 수를 세어봤다. 155량이 한꺼번에 가고 있었다. 거기에 컨테이너를 2층으로 쌓았다. 북한에서는 10량만 넘으면 기차가 길다고 감탄했던 우리 눈에는 경이롭기까지 한 광경이었다.

"형님, 저는 여기 와서 인성과 사고방식까지 확실히 바뀌었어요."

긴 열차를 보며 의성이가 말했다.

"그러게, 나도 솔직히 이제 다시 고향에 가서 살라고 하면 자신이 없어."

"다시 적응을 해야죠."

동생들이 맞장구를 친다.

"그쪽에 가서 함경도 사투리로 '아, 어째 이럽니까?' 하면 나는 갑자기 움찔해져서 무서울 것 같아. '당신 뉘기요?' '남조선 사람이 아입니까?' 이러면 '아, 그거 아니고, 그렇기도 한데……' 하면서 뭐라고 대답해야 할지 모르겠어. 다시 북에 가서 살려면 재정착이 필요할 것 같아."

오스틴이 진지한 표정으로 거들었다.

"우린 북한에 돌아가면 새로운 정착이 필요하다, 이건 굉장히 중요한 포인트예요. 가령 옛날에 저는 북한 영화는 심금을 울린다고 생각했어요. 그런데 문화적 코드가 바뀌어서 지금은 한심하다 이런 생각밖에 안 들어요. 나랑 잘 안 맞겠다 이렇게 생각돼요."

"형님, 그럴 수도 있겠지만, 요즘 북한 예술이 아주 한심해진 것도 사실이에요. 북한 사람들도 요즘 나오는 북한 드라마는 안 봐요."

"옛날 것이라고 다를까. 한국 옛날 드라마 지금 봐도 재미없는데."

의성이가 대답했다.

"저 얼마 전에 1983년에 만든 북한 영화 「도라지꽃」을 유튜브에서 다시 봤는데 괜찮더라고요."

"넌 온 지 몇 년 안 돼서 북한 감성이 남아 있는 거야."

"아니에요. 그 영화 유튜브 댓글에 영어 댓글이 많아요. 그런데 감명 깊고 신선하다는 댓글도 많던데요."

"북한 영화를 접하는 미국인들의 감성은 우리랑 다른가? 저들 눈에는 처음 접한 북한 영화가 신선해 보일 수도 있겠지. 우리는 이미 너무 봐서 진부하지만."

이런저런 얘기를 나누며 우리는 저녁 늦게 산타페의 한 호텔에 도착했다.

추억이 같은
사람들끼리

호텔에 도착한 뒤 우리는 슈퍼마켓으로 한국 라면을 사러 갔지만 그곳까지 한국 라면이 들어오지는 않아서 하는 수 없이 중국 라면을 샀다. 오스틴에게 '커피포트로 라면 끓이기'를 전수받아 라면 조리도 완벽하게 마쳤다. 미국 음식을 며칠 먹다 보니 칼칼한 맛이 그리웠던 것이다.

이야기는 다시 이어졌다. 7시간을 달려오느라 몸도 피곤했고 차에서 수많은 얘기를 나눴지만 하고 싶은 이야기는 끊이지 않았다. 아무튼 입만 열면 새로운 주제가 끊임없이 나왔다. 나는 '같은 경험과 추억을 공유한 남자들의 여행도 이렇게 재미있을 수가 있구나' 하는 것을 이번 여행을 통해 깨달았다.

중국 라면을 먹다 보니 추억이 떠올랐다.

"나는 중국에 와서 중국 라면 처음 먹고 이렇게 맛있을 수가 있나 하고 감탄했는데, 그 라면 먹고 나서 이틀 뒤에 체포돼 북송됐어."

나의 추억이었다.

“그래도 먹고 잡혀갔으니 다행이지, 라면 맛도 모르고 가서 죽을 뻔했어. 감옥에서 굶주린 채 하루 종일 앉아 있으니 라면 생각, 양꼬치 생각밖에 안 나더라. 나는 ‘꼭 다시 살아 중국에 가서 양꼬치와 라면을 먹을 거야’ 이런 생각을 하면서 삶의 의지를 다졌지.”

동생들은 이젠 이런 슬픈 이야기에도 낄낄 웃는다.

이제 대화 주제는 다시 책 읽던 이야기로 넘어갔다. 이야기를 나누다 보니 우리에겐 어려서부터 책을 무척 좋아했다는 공통점이 있었다. 지금까지 대화가 술술 잘 이어져온 것이 우연이 아닌 듯싶었다.

오스틴의 어머니는 북에서 도서관 사서였다. 오스틴이 서너 살 때 어머니는 밖에 다녀올 일이 있으면 도서관에 그를 두고 문을 잠그고 갔단다. 덕분에 오스틴은 어려서부터 책과 친해질 수 있었다. 의성이도 알고 보면 북에서 책을 엄청 읽은 책벌레였다. 나 역시 열 살쯤부터 20대 중반 탈북할 때까지 무조건 하루에 책 한 권은 읽었던 사람이다. 나도 열 살 때 도서관 사서 처녀를 엄청 열받게 했더니 그녀가 나를 도서관에 가둬놓고 퇴근했었는데, 그 안에 갇히니 그렇게 행복할 수 없었던 추억을 회상했다.

도서관과 엮였던 이러저러한 이야기를 나누다 보니 북에서 우리의 유년 시절은 「톰과 제리」에 나오는 제리와 흡사했다. 어른들에게 쫓겨서 이리저리 도망 다니면서도 어떻게든 책을 훔쳐봤던 것이다.

1980년대만 해도 북한에는 세계 명작 동화가 많았다. 《세계명작 동화집》,《이솝 우화집》,《곰돌이 푸》,《코끼리 점보》가 우리들 유치원 시절의 추억에 소환됐다. 오스틴은 곰돌이 푸를 좋아해서 지금도 SNS 프로필 사진에 푸가 올라가 있다.

오스틴은 여덟 살에《안나 카레니나》를 읽었던 이야기를 했다. 도대체 이해가 되지 않아서 사춘기 때 다시 읽어보았다고 한다. 나는 열한 살 때《공산당 선언》을 읽었던 이야기를 했다. 이해도 되지 않는 내용을 단지 활자라는 이유만으로 무조건 읽었다. 우리는 그렇게 책을 좋아하던 아이들이었다.

의성이에게는 기자가 되고 싶다는 생각이 있었다. 책 이야기가 나온 김에 나는 반쯤 취한 상태에서 내가 생각하는 훌륭한 기자의 자질을 의성이에게 역설했다.

"나는 훌륭한 기자는 타고나는 것이라고 봐. 물론 훈련받으면 어느 정도는 커버가 되겠지만, 진짜 뛰어난 기자가 되려면 천성이 갖춰져 있어야 한다고 봐. 내가 지금부터 아무리 음악을 배워봐야 음악계에서 이름 날릴 수 있나? 내가 스무 살에 스포츠나 야구 선수를 하면 잘했을까? 절대 아니었을 거야. 태어나기를 그에 맞게 타고나야 해.

기자도 마찬가지야. 글을 쓰는 자질은 어느 정도는 가지고 태어나는 거지. 내가 볼 때 세 가지 자질이 있으면 좋은 글을 쓸 수 있을 거 같아.

첫 번째, 글을 잘 쓰려면 수학을 잘해야 해, 특히 기하. 왜냐면 수학과 글의 공통점은 증명하는 것이야. 증명하려면 논리가 돼야 돼. 수학과 기하를 잘하는 사람은 증명하는 논리 체계가 서 있지. 논리가 서 있지 않은 사람은 아무리 훈련을 해도 좋은 글 쓰기가 힘들어. 아니, 훈련을 하는 것 자체가 힘들어. 두 번째는 책을 많이 봐야 해. 무조건 박학다식해야 해. 세 번째로 유머 감각이 있어야 해. 그래야 같은 글도 재미있게 쓸 수가 있어. 이 세 가지 요소가 결국은 묶여서 하나가 돼. 뭐냐, 책 좋아하고, 수학 잘하고, 말 잘하고. 이런 게 적성에 맞게 태어난 사람들이 있어.

그런데 내가 수학 잘하자고 해서 잘하는 것도 아니고 책을 읽겠다고 해서 억지로 계속 읽어지는 것이 아니야. 학교 다닐 때 보면 별로 노력 안 해도 수학, 기하 술술 잘하는 사람들이 있어. 이런 게 천성이야. 이런 사람들이 글 쓰는 직업을 가지면 성공할 수 있을 거야."

오스틴이 화제를 돌렸다.

"형님, 저는 북한 생각하면 어렸을 때는 참 행복했던 것 같아요. 북에서 살다 온 사람들도 북한이 싫어서 왔지만 행복했다는 사람이 많아요. 행복은 상대적이고 그땐 가난 속의 행복이긴 했지만 그래도 행복했던 것 같아요."

"요즘 한국 애들은 얼마나 불쌍해. 그냥 학교, 학원으로 뺑뺑이 돌며 시간 보내잖아."

동생들이 모두 크게 맞장구를 친다.

"그러게 말이에요. 우린 북에서 그 나이 때 땅따먹기 놀이도 하고,

망 차기, 구슬 따먹기, 못 치기, 딱지치기, 연 띄우기……. 놀 거리가 무궁무진했는데요."

북에서 살던 사람이 아니라면 알 수 없을 각종 놀이가 줄줄이 소환돼 나왔다.

의성이 말했다.

"우린 저녁에 어둑어둑해지면 남자애들 여자애들 다 나와서 말타기했던 거, 그거 생각나요. 여자애가 말이 되기도 하고, 남자 위에 막 올라타고. 우리 모여서 놀던 좀 넓은 공터가 있는데, 그 옆집 배재(울바자)가 세 번 무너졌어요. 그 집 할머니가 계속 나와서 '이놈들아, 딴 데 가서 놀아라' 하면 우린 '예, 갑니다' 하고 계속 놀고 그랬어요. 울타리가 계속 무너지니 마지막엔 할머니가 어디서 철도 레일을 가져다 울바자 기둥으로 박아놓았어요."

"내가 자랄 땐 못 치기 제일 많이 했어. 주머니에 항상 못과 납덩이 채워 넣고 철렁철렁 다녔는데."

그러자 오스틴도 자기도 똑같은 행색으로 다녔다고 맞장구를 쳤다.

어느새 11시가 넘었다.

"야, 우리 얘기는 진짜 끝이 없네. 이제 마무리하자. 오늘만 있나? 내일도 있어야지."

몇 분 뒤 산타페의 하늘에 우리 셋이 한 방에서 코 고는 소리가 조용히 울려 퍼졌다.

바로 그 루트 66

다음 날인 22일, 우리는 산타페를 떠나기 전에 두 시간 정도 둘러봤다. 산타페는 오랫동안 인디언들이 살던 땅에 1607년 스페인인들이 건설한 도시인데, 미국에서 두 번째로 역사가 긴 도시라고 한다. 물론 1848년 미국-멕시코 전쟁 이전까지 이곳은 멕시코 땅이었다.

로키산맥 해발 2,100미터 높이의 고산 지대에 위치한 산타페는 1년 중 300일이 맑은 날씨라고 한다. 인디언들이 살던 흔적이 아직도 많이 남아 있어 뉴멕시코를 찾는 사람들이 빼놓지 않는 관광지가 되고 있다. 다만 뉴멕시코가 쉽게 발길 닿는 곳이 아니어서 이런 기회가 아니면 살아생전에 다시 이 도시를 구경 올 일은 없을 듯하다.

산타페는 도시가 크지 않아 천천히 산책하면서도 충분히 중심부를 돌아볼 수 있었다. 고산 지대라 숨 쉬기 어렵지 않을까 걱정을 했는데 전혀 그럴 일은 없었다. 날씨가 좋고 자연 경관이 좋아 많은 예술인이 언젠가부터 이 도시로 몰려들었다. 산타페에는 인디언과 스페인의 건축 양식이 어우러진 독특한 흙벽돌집이 많다.

이곳에서 발견한 독특한 점은 수백 개의 빨간 고추를 줄에 매달아 장식품처럼 거리 곳곳에 걸어놓은 것이었다. 그리고 광장 옆에서 손으로 만든 각종 잡화를 파는 인디언의 모습은 북한 농민시장 풍경을 연상케 했다. 인디언이 혈통적으로 한국인과 유사한 점이 많다고 하더니 진짜인 듯싶기도 했다. 이곳에서는 인디언의 비율이 9.4%로 미

해발 2,100미터 높이에 위치한
산타페 시내 곳곳에서
빨갛게 마른 고추를 장식처럼
매단 것을 볼 수 있었다.

국에서 매우 높은 수준이다.

북에서 흙집을 너무 많이 본 까닭인지, 내 눈에는 산타페의 매력이라는 흙 건축물이 그리 감동적이진 않았다.

11시쯤 우리는 이곳에서 한 시간 남짓 떨어진 뉴멕시코 주도인 앨버커키에서 점심을 먹기로 하고 출발했다. 뉴멕시코의 면적은 한반도의 1.4배인 31만 5,000제곱킬로미터나 되지만 인구의 절반이 넘는 90만 명이 앨버커키와 인근 도시에 몰려 산다. 앨버커키도 해발 1,600미터에 있는 도시라 날씨가 좋다. 미국에서 살기 좋은 10대 도

앨버커키 가는 길에 만난 파란 하늘과 상쾌한 공기

시에 꼽힌다고 하는데 집값도 매우 싼 편이다. 그러나 교통 생각을 하면 나는 이곳에서 살고 싶지는 않다.

앨버커키에 도착했는데 토요일이라 그런지 문을 연 식당이 거의 없었다. 서너 차례 허탕을 치며 찾아다닌 끝에 문을 연 중국 음식점을 발견했다. 말이 중국 음식점이지, 김치도 있고 한국식 밥도 있었다. 만족스러운 식사였다.

이날의 최종 목적지는 앨버커키에서 6시간 정도 떨어진 애리조나 주 윌리엄스라는 도시였다. 그랜드캐니언 노스 림으로 올라가기 전 필수로 들러야 하는 도시였다.

가는 길에는 인디언 자치구가 참 많았다. 전날과 같은 황무지가 끊임없이 이어졌다. 마치 중동의 어느 도로를 달리는 듯싶었다. 그런데 마을들이 계속 나타났다. 주변에 광산도, 밭도, 방목할 땅도 보이지 않는데 이 사람들은 어떻게 먹고사는지 그게 너무 궁금했다. 공기 좋고 날씨가 좋으니 은퇴해서 연금을 받으며 이런 곳에서 사는 걸까? 그러나 나의 궁금증은 끝내 풀리지 않았다. 나중에 요세미티의 가이드가 '연금으로 도시에 살기 힘든 사람들이 집값과 물가가 싼 그런 곳에 가서 살기도 한다'고 했지만, 그게 100% 정답인지는 모르겠다.

우리가 이날 달린 도로는 미국인이 가장 사랑한다는 그 유명한 '루트 66'이었다. 동부 일리노이주 시카고 미시간 호수에서 시작해 미주리, 캔자스, 오클라호마, 텍사스, 뉴멕시코, 애리조나를 지나 캘리포니아주 LA의 산타 모니카 해변까지 8개 주를 관통하며 4,000킬로미터나 이어진 도로다.

그랜드캐니언의 광활한 자연과 인디언의 도시들을 관통하는 이 도로는 1926년에 완공된, 미국 최초의 대륙 횡단 도로이기도 하다. 대공황 시절 많은 사람들이 이 도로를 타고 동부에서 서부로 진출했다. 할리데이비슨 오토바이를 타고 이 도로를 따라 태평양에 가는 것이 자유의 상징처럼 느껴지던 때가 있었다.

제2차 세계대전이 끝나 고속도로가 많이 건설되면서 루트 66도 잠깐 잊히는 듯했지만, 엘비스 프레슬리, 밥 딜런이 추억을 담아 만든 루트 66에 대한 노래와 1960년대 미국 인기 드라마 「Route 66」이 인기를 끌면서 이 도로는 미국의 중요한 문화적 아이콘이 됐다. 지금도 도로가 지나가는 대다수 주들이 이 도로를 문화유산으로 지정하고 있다. 도로가 좁아서 그렇지, 포장 상태는 다른 고속도로와 별 차이를 못 느꼈다.

할리데이비슨 라이더들에겐 루트 66을 횡단하는 것이 최고의 로망이란 이야기를 들었다. 우리 옆으로도 할리데이비슨을 탄 사람들이 자주 지나갔다. 오토바이광인 의성이는 볼 때마다 부러워 죽는 눈치다. 비록 차를 몰고 가기는 하지만 북에서 태어나 루트 66을 달려보는 것만으로도 우리는 충분히 성공한 셈이다.

차에 꽂은 오스틴의 USB에서는 유명 밴드 콜드 플레이의 "A Sky full of stars"와 "A head full of dreams"라는 노래가 흘러나왔다. 북한에서 온 청년 셋은 그렇게 미국의 문화를 눈과 귀로, 심장으로 느끼며 달리고 또 달렸다.

밀수꾼 1명이 15명을 먹여 살리는 곳, 양강도 혜산

루트 66을 달리며 우리는 북한 추억을 다시 소환했다. 이번 대화의 주제는 의성이가 탈북을 결심하고 한국행 루트를 찾으며 2011년부터 2014년까지 살았던 양강도 혜산 이야기였다. 배고픈 사람은 압록

강 바로 옆에 있는 국경 도시 혜산에 도착해 당일이라도 강을 넘을 수 있지만, 김정은 체제 들어 강화된 단속 상황을 맞은 의성이는 신중에 신중을 기하느라 무려 3년이나 혜산에 머물렀다. 그 과정에서 그는 밀수로 먹고사는 혜산에 대해 속속 알게 됐다.

"혜산은 밀수꾼 한 명이 15명은 먹여 살리는 도시예요. 그게 어떻게 계산되냐면 하룻밤에 밀수 한번 하려고 하면 국경경비대를 삶는(매수) 것으로부터 시작해 그 뒤에 7~8겹이 쳐 있어요. 보위지도원, 무슨 상무, 무슨 검찰, 무슨 그루빠 이런 것을 다 구워삶아야죠.

이렇게 밀수 한번 하면 통치기관 권력자 5~6명 먹여 살리고, 그리고 또 짐꾼들이 있어요. 저도 짐꾼 한 번 했었어요. 장마당 뒷선, 밀수짐 보관집, 이런 곳도 밀수로 먹고살죠. 그래서 압록강 근처 집들은 굉장히 비싸요. 오두막 같은 곳도 몇십만 원씩 하죠.

그런데 그런 집에 일단 짐이 들어가면 안심할 수 있어요. 왜냐하면 짐 보관집 주인들은 보안원, 경비대 등 단속 기관을 다 뇌물로 삶아놓고, 밀수꾼들에게도 신용을 확보한 사람들이니까요. 짐 쏘기꾼도 있어요. 밀수꾼들에게 물건을 받아서 평양, 평성 이런 곳으로 짐을 쏘죠."

이 설명을 들으니 밀수꾼 한 명에 15명이 먹고산다는 말이 이해됐다. 그러고 보니 중국과의 선을 확보한 밀수꾼은 단속 대상이 아닌, 혜산에서 여러 권력층의 보호를 받는 귀중한 인적 자산일 수밖에 없겠다는 생각이 들었다.

약 10년 전 북한에서 휴대전화 서비스가 시작되기 전만 해도 국경경비대를 비롯한 권력층이 선호한 것은 중국 휴대전화였다고 했다. 혜산은 중국의 통신 신호가 잡히기 때문에 밀수꾼이 휴대전화를 두 대 개통해 밀수해 오면 하나는 자기가 갖고 다른 하나는 애인에게 주어 연애를 한다는 것이다. 즉, 애인에게 중국산 전화를 줄 수 있느냐 없느냐가 혜산의 능력자를 가르는 기준이 됐던 것이다.

밀수꾼들은 그렇게 여럿을 먹여 살리고도 부자가 된다. 북에서도 사람들이 돈을 벌면 집에 대한 욕망이 제일 먼저 생긴다. 그런데 공개적으로 멋있는 집을 따로 지어서 살면 표적이 되니 이들은 아파트를 여러 채 사서 하나로 만들어 산다. 가령 혜산의 일반적인 아파트는 현관으로 들어가면 한 개 층에 4채가 있는 구조인데, 돈을 벌면 1개 층 4채를 다 사거나 2채를 산 뒤 내부 벽을 허물어 집을 확장하는 것이다.

의성이는 자기가 들었던 2007년 7월의 혜산 아파트 붕괴 사고에 대해서도 이야기했다.

“그게 예술회관 옆에 있던 8층 아파트였는데, 내부 개조를 하다가 기초가 되는 벽을 허물어버려 붕괴됐죠. 낮 시간이라서 노인들이 많이 죽었는데, 그때 붕괴되면서 돈이 옆의 예술회관 광장에 막 흩날린 거예요. 보안서에서 현장에서 재물을 얻는 자는 재판 없이 총살한다고 공지하고 저들이 돈을 다 걷어 갔죠.”

북한은 집을 골조만 세운 뒤 내부 인테리어를 하지 않고 매매한다.

부자들은 요즘 새로 짓는 아파트를 골라 몇 채를 산 뒤 처음부터 확장을 염두에 두고 인테리어를 한다고 한다. 한국처럼 애초에 큰 아파트와 작은 아파트로 나눠 분양하면 되겠지만, 아직 사회주의를 표방하는 북한은 같은 아파트에 여러 평형을 넣으면 위압감을 조성한다며 같은 구조로 건설하는 특징이 있다. 그러니 부자는 두 채를 사서 한 집처럼 꾸미는 꼼수를 쓸 수밖에 없다. 앞으로 북한에 시장경제가 확산되면 아파트도 한국처럼 다양한 평형대로 건설돼 판매될 것이 분명하다.

어쨌든 이런 상황 덕분에 북에서는 인테리어업이 활발할 수밖에 없다. 밀수꾼은 인테리어 자재뿐만 아니라 잡지까지 들여온다. 인테리어 업자는 중국의 인테리어 잡지 몇 개를 갖고 다니며 고객에게 보여준다.

"이것이 요새 중국의 최신 유행인데, 거실은 이런 식으로 하고 화장실은 이런 식으로 만들고, 어떤 문양 타일을 넣고 이런 식으로 집주인과 흥정해요. 주인이 고르면 돈을 받고 그대로 해주는 거죠. 누가 어떤 자재를 선택하면 그에 맞는 자재가 2~3일 안에 중국 마트에서 다 들어와요.

인테리어 업자들도 서로 경쟁하는데, 누가 집을 꾸렸다 하면 사람들이 서로 와서 구경해요. 진짜 실력 있고 꼼꼼하게 하는 업자라면 서로 앞다퉈 주문하는 거죠. 이런 식으로 인테리어뿐만 아니라 다른 업종에서도 시장 경쟁이 확실해요. 혜산은 그런 도시예요."

의성이의 5년 전 이야기를 들으며 지금은 혜산이 어떻게 더 진화했을까 상상했다. 의성이는 혜산에서 연애하던 이야기도 들려주었다. 혜산의 사교장이라고 할 수 있는 가장 큰 탁구장에서 그녀를 만났다. 집에는 그랜드피아노가 있고, 판매 초기 4,000달러나 하던 북한 최초의 스마트폰 '아리랑'을 갖고 다니던 20대 여성이었다고 한다. 의성이는 그 여인과 서로 시를 주고받으며 연애를 했다고 한다.

탈북할 때 그녀가 건넸던 시가 적힌 편지 묶음을 품고 나왔다. 그러나 어느 순간 자기가 잡히면 그녀가 피해를 볼 것 같아 중국의 어느 냇가에 그 편지들을 버렸다.

"강물에 떠내려가는 편지들을 보며 얼마나 가슴 아팠던지 지금도 잊을 수 없어요. 지금도 그걸 왜 갖고 오지 않았지 하는 생각이 계속 들어요."

깊은 아픔이 의성이의 얼굴을 스쳐 지나갔다. 이렇게 아픈 이야기들을 들으면 우리도 같이 아프다. 마음속에 공통의 아픔이 숨겨져 있기 때문이다.

의성이는 2014년 4월 16일에 일어난 세월호 사건 소식을 혜산에서 들었다.

"그때 북한에서 엄청 떠들었어요. 신문 방송 할 것 없이 '인간을 중시하지 않는 썩어빠진 남조선 사회'라고 매일 떠들었어요. 그런데 5월 13일에 평양 평천에서 아파트가 붕괴돼 수백 명이 죽는 사고가 일어났죠. 머쓱하게 됐죠. 제가 그때 건설 관련 일을 하고 있었는데, 그걸 계기로 당국에서 신축 건물 공사장에 하루에도 두 차례씩 부실공사 감시한다고 검열을 왔어요. 그런데 북한에서 검열이란 것은 먹자는 수작이잖아요. 제가 신분이 명확하지 않은 상태에서 머물고 있던 터라 그걸 피하느라 고생했어요. 한 번 걸렸는데 뇌물 쓰고 나왔죠."

혜산은 항시적으로 중앙의 검열을 받는 도시인데, 돈이 도는 밀수의 도시이니 트집 잡을 것도 뜯어낼 것도 많다는 것이 잦은 검열의 이유 가운데 한 가지다. 한번 검열이 떴다 하면 도시 전반이 어려워진다. 검열 기간에는 아무래도 눈치를 보게 되니 밀수를 자제할 수밖에 없는데, 도시 전체가 밀수에 붙어먹고 사는 상황이라 도시 경제 전체가 침체되는 것이다. 그래서 밀수꾼들은 국가에 대한 불만도 크다고 한다.

"밀수꾼들은 북한이 어떤 곳인지 다 알아요. 서로 '김정은 저 새끼'라는 말도 해요. 밀수꾼 중에는 사고 치고 한국에 온 사람도 많아요."

애리조나주 경계를 넘을 때 이미 해가 졌다. 광활한 대지 저 멀리에서 점점 퍼지며 올라오는 노을 역시 지금까지 잊을 수 없는 광경이었다. 머리 위 하늘은 여전히 티 없이 파란데 땅에서 올라오는 땅거미와 어우러지며 노란빛으로 점차 물들어가는 광경은 그 어떤 물감으로도 흉내를 내기 어려울 것이다.

노을만 보면 환장하는 의성이는 이곳 노을을 보고 할 말을 잊었다. 오스틴은 몇십 년 만에 별똥별을 봤다고 좋아하며 그 와중에도 재빨리 "여친이 생기게 해주세요"라고 소원을 빌었다.

애리조나주 경계를 넘을 때
마주친 해 지는 풍경.
까만 대지와 파란 하늘 사이로
이글이글 노을이 지고 있었다.

의성이는 혜산에서 별똥별을 볼 때마다 탈북을 성공하게 해달라는 소원을 빌었다고 했다. 그런데 별똥별이 떨어지는 순간 “탈북을 성공하게 해주세요”라고 길게 말할 수는 없으니 네 자로 줄였다. 그게 ‘탈북의성’이다. 탈북의 뜻이 성공하게 해달라는 뜻이다. 결국 탈북은 성공했고 의성은 지금 그의 필명이 됐다.

밤늦게 도착한 윌리엄스는 한국으로 치면 작은 마을에 비교할 수 있을 정도로 크지 않았다. 피곤한 와중에도 우리는 다시 호텔 방에서 두 시간 정도 여러 주제를 안주로 삼아 이야기를 나누었다.

3. 그랜드캐니언과 라스베이거스를 지나

★★★

그랜드캐니언은 백만 년 후에도 거기 있을 거야

23일 오전, 드디어 그랜드캐니언을 향해 차를 몰고 떠났다.

높은 언덕에서 내려다보면 무연한 평야에 펼쳐진 수림과, 녹색 바탕의 도화지에 자로 흰 줄을 그은 듯한 길이 멀리 지평선 너머로 이어지고 있었다. 북한에서 백두산 올라가는 길과 비슷한 풍경이었다.

신이 나서 달리는데, 갑자기 오스틴이 "아이쿠, 걸렸어요"라며 길옆에 차를 세운다. 뭔 소리냐고 하니 경찰 단속에 걸렸다는 것이다. 차도 별로 없는데 여기 어디에 경찰이 있나 싶어 사이드미러를 통해 보니 정말 경찰차 한 대가 경광등을 켜고 따라오고 있었다. 이곳 경찰들은 큰 도로와 붙어 있는 공간에 차를 대고 기다리다 속도 위반 차량이 지나가면 잽싸게 따라붙는다고 했다.

10여 미터 뒤에 경찰차가 서고 경찰 하나가 내린다. 이런 상황에서 안전띠라도 풀려고 뒤척이는데 오스틴이 "형님, 꼼짝 말고 앉아 계세요"라고 한다. '아차, 여긴 총알이 날아올 수 있는 미국이지'라고 생각하고 사이드미러를 보니 키가 180센티미터는 넘어 보이는 거구의 백인 경찰이 언제라도 꺼내 쏠 수 있도록 권총집에 손을 얹고 천천히 걸어오고 있다. 국제부에서 10여 년 동안 있으면서 미국 경찰들에게 사살당하는 동영상을 참 많이 봤다. 그중 한 영상이 그때 떠올랐다. 나는 얼어붙은 듯 자리에 앉아 있었다.

경찰이 다가오더니 내가 앉은 보조석 창문을 두드렸다. 오스틴이 창문을 내리고 상황을 설명하기 시작했다. 여기 도로는 시속 65마일(105킬로미터)이 제한 속도인데 오스틴이 80마일(129킬로미터) 훌쩍 넘게 달린 것이다. 이 정도면 벌금이 나온다고 했다.

오스틴은 경찰에게 운전면허증을 제시하고 사정하기 시작했다. 나는 속으로 미국 경찰이 아시아 남자 세 명에게 사정을 봐줄 일은 없을 것이라고 생각했다. 하지만 오스틴의 설득 능력은 우리의 예상을 뛰어넘었다. 차에서 내려 5분 정도 경찰과 이야기를 나누었는데, 어떻게 얘기했는지 경찰이 싱긋 웃더니 뭔가 종이에 적어주는 것 같았다. 오스틴이 좋아하는 것을 보니 심각한 상황은 아닌 듯했다.

어떻게 됐느냐고 물으니 단속 확인서는 썼지만 아무런 처벌도 받지 않는다고 했다. 오스틴이 우리는 그랜드캐니언을 처음 가보는 길이라 너무 신나서 깜빡하고 속도를 확인하지 못했다고 하니 경찰은

그랜드캐니언 가는 길에 우리를 단속한 경찰. 인심 좋게 사진까지 찍어주었다.

그랜드캐니언은 어디로 도망 안 간다고, 백만 년 동안 어디에도 가지 않고 그 자리에서 기다리고 있다며 농담으로 받아주었단다.

일단 어디 끌려가지 않고 예정된 그랜드캐니언 여행을 할 수 있게 됐다는 사실에 안도했다. 우리 사정을 들어준 경찰에게 "우리가 돌아가서 여행기를 쓸 건데 함께 사진을 찍어도 될까?" 하고 물었다. 그는 흔쾌히 응했다. 우리 넷은 차 옆에서 함께 기념사진까지 찍고 다시 길을 떠났다.

그런데 그 경찰차가 적어도 20분 넘게 우리 뒤를 따라오는 게 아닌가! 상황을 물어보자 "우리가 다시 과속하지 않는지 감시하는 것 같아요"라고 오스틴이 말했다.

경찰차가 조용히 사라지고 한참 뒤에도 우리는 시속 65마일을 넘기지 않으려고 신경을 썼다. 이 사건을 계기로 우리는 미국에서 다시는 과속을 하지 않았다.

헬기를 타지 말 걸 그랬나?

우리의 그랜드캐니언 관광 일정은 헬기로 시작하기로 돼 있었다. 헬기 관광이 꽤 비쌌지만, 다시 올 수 없는 기회라 생각해 눈을 감고 과감하게 결제했다. 7명씩 한 팀이 돼 헬기에 올랐다. 생전 처음 타보는 헬기였지만 무섭다는 생각은 들지 않았다. 아득한 수림 위에 뜬 헬기가 15분 정도 비행하니 드디어 그랜드캐니언이 나타났다. 산처럼 우뚝 솟은 곳이 아니라 무연한 평지에 수천만 년 동안 깎인 계곡이 움푹 파여 있는 형태였다.

예전부터 그랜드캐니언에 다녀온 사람들의 찬사를 참 많이 들었다. 모두들 이곳에 오면 엄청난 감동을 받는 듯했다. 심지어 북에 있을 때 봤던 두툼한《지리대백과사전》에서 "그랜드캐니언은 3일 동안 내려가야 바닥에 도착한다"라는 문구를 봤을 때 '얼마나 깊으면 3일이나 내려가야 할까?' 하고 오랫동안 상상했다.

그런데 하늘에서 내려다본 그랜드캐니언은 내가 상상했던 것만큼

깊지 않았다. 미리 머릿속에 수없이 그려봤던 엄청난 감동은 없었다. "애개, 이거였어? 아, 내 감동 찾아줘!" 소리치고 싶었다. 어쩌면 여객기를 타고 가면서 1만 미터 상공에서 끝 모르게 펼쳐진 미국 평야를 내려봤을 때의 감동이 더 컸던 듯싶다. 미국 사막의 황홀한 일몰이 더 감동적이었다.

그랜드캐니언과의 첫 만남은 그렇게 실망스럽게 지나갔다. 물론 이런 계곡을 다른 어느 곳에서도 찾아보기 힘들 것이라는 생각은 분명히 들었지만 한 번 와보니 또다시 와봐야겠다는 간절함 같은 것은 없어졌다.

분주하게 카메라 셔터를 누르는 사이 헬기는 그랜드캐니언을 남쪽에서 북쪽으로 횡단해 건너갔다 다시 돌아섰다.

헬기에서 내린 우리는 다음 예약 장소를 찾아갔다. 이번에는 험비를 개조해서 만든 큰 차량을 타고 그랜드캐니언을 땅에서 돌아보는 것이었다. 마침 다른 일행도 거의 없어서 우리가 험비를 전세 낸 듯이 타고 백인 안내원을 따라 그랜드캐니언으로 올라갔다. 사진 찍기 좋은 곳에 세워주면 내려서 여러 포즈를 취하며 사진을 찍고 다시 떠나기를 반복했다. 그 아찔한 계곡에 아무런 안전 난간도 없이 누구나 다가갈 수 있게 허용됐다.

나는 벼랑 끝에 선 심정이라는 것을 그때 느꼈다. 절벽 끝에서 1미터까지 가까이 다가가면 다리가 후들후들 떨렸다. 겨우 절벽 끝에 도착해 수백 미터 아래를 내려다보면 현기증이 일었다. 물론 두

헬기를 타고 내려다본
그랜드캐니언

려움을 이겨내고 조심조심 벼랑 끝에 걸터앉아 인생 샷을 몇 개 찍긴 했다.

그랜드캐니언을 떠올리면 맨 먼저 의성이 때문에 마음 졸이던 생각부터 날 듯하다. 졸이는 정도가 아니라 여러 번 간이 떨어졌다. 의성이는 수백 미터 벼랑 끝에서 달리고 폴짝 뛰면서 사진을 찍었다. 저러다 미끄러지면 바로 죽음인데, 청춘이 좋은지 아님 워낙 용감해서인지 의성이는 아무리 말려도 다음 장소에서 또 위험한 행동을 했다.

나중에 알았지만 우리가 다녀오고 나서 이틀 뒤에 부산의 한 유학생 청년이 그랜드캐니언을 여행하던 중 추락해 의식불명에 빠진 사건이 벌어졌다. 그 높은 곳에서 떨어져 목숨을 건졌다는 것만으로도 기적일 수밖에 없다.

그랜드캐니언은 헬기에서 보기보다 오히려 땅에서 내려다보는 것이 더 웅장해 보였다. 멀리 아래에 강이 내려다보였다. 나는 저기까지 어떻게 3일이나 내려가야 하는지를 여러 차례 생각해봤다. 직선거리는 별로 멀지 않겠지만, 워낙 가파르기 때문에 대각선으로 지그재그 내려가면 그 정도 걸릴 것 같기도 하다.

나중에 물어보니 역시 내려가는 시간은 몇 시간이면 충분하다고 한다. 북한《지리대백과사전》이 3일이나 걸린다고 허풍을 친 것이다. 하긴 그 사전 집필자 중에 이곳에 와본 사람은 없을 터이니 탓하고 싶진 않다. 다만 나의 부풀었던 어린 시절의 꿈과 상상은 이제 여기에 벗어버리기로 했다.

내 생에 그랜드캐니언의 밑바닥까지 내려갈 일은 없을 듯하다. 그 가파른 절벽에서 몇 시간을 공포에 떨 자신은 없다. 물론 헬기를 타고 내려가는 건 충분히 가능하다. 밑에서 아득히 높은 절벽 끝을 올려다보면 또 다른 감동이 생길지도 모르겠다.

그렇다고 이번 그랜드캐니언 여행이 실망스럽기만 한 것은 아니었다. 정말 티 하나 없어 보이는 파란 하늘 아래서 그랜드캐니언의 벼랑 위에 앉아 수천만 년 세월이 만든 풍경을 아무 생각 없이 바라보다 보니 스트레스가 다 날아가는 듯했다. 3일 정도 벼랑 위에 있는 여인숙에 머물며 근심 걱정 없이 계곡 아래만 바라보고 싶었다.

오후 4시쯤 그랜드캐니언 관광은 끝났고 우리는 다시 빨간 우리 차를 몰고 길을 떠났다. 오는 길에서는 각자의 그랜드캐니언 방문 소감이 이어졌다.

"나는 3일이나 내려가야 한다는 말에 바닥도 안 보이는 엄청 대단한 계곡인 줄 알았는데 와보니 사진을 이미 많이 봐서 그런지 생각보단 별로였어. 미국이란 광활한 땅에 저 정도 계곡 정도는 있어야 하지 않나 싶어. 그렇지만 죽기 전에 한번 와보는 것은 나쁘지 않다는 결론을 내렸어." 내 소감이다.

이번에는 오스틴이 말했다.

"저는 그랜드캐니언이 처음이 아니에요. 근처에 브라이스 캐니언과 같은 다른 캐니언들이 많은데 거길 가봤고, 호주에서도 캐니언 가봤어요. 그래서 우와 하고 감동하진 않았어요. 그리고 헬기에서 세

자리 중 가운데 앉는 바람에 창문으로 풍경을 잘 못 봐서 그게 아쉬웠어요. 캠핑 장비를 갖고 아래에 내려가서 올려다보면 마음에 뭔가와 닿지 않을까 싶어요."

의성이 역시 그랜드캐니언이 처음이 아니었다.

"저도 두 번째예요. 처음엔 많이 감동했는데 이번엔 그냥 딱 예상만큼이었어요. 헬기를 타서도 그랜드캐니언을 본다는 것보단 헬기 처음 타봤다는 게 더 좋았어요. 근데 헬기에서 밀림 바라보는 것은 너무 좋았어요."

"아니, 왜 변두리 얘기를 하냐? 이건 뭐 38년산짜리 양주 사주고 뭐가 좋았냐 물으니 '시가가 참 맛있었어요'라는 것과 뭐가 다르냐?" 하고 말하자 다들 웃었다.

"아, 그래도 바닥까지 내려가는 헬기는 다음에 꼭 타볼 거예요."

셋 다 그랜드캐니언에 큰 감동을 하지는 않았지만 바닥까지는 또 가보고 싶다는 게 공통이었다.

라스베이거스에 간 촌닭들

그랜드캐니언 다음 목적지는 라스베이거스였다. 또다시 밤늦게까지 네 시간 넘게 운전해야 했다. 차 안의 수다는 다시 이어졌다. 앞으로 갈 요세미티 국립공원의 암벽 이야기가 화제가 됐다. 의성이는 이미 그곳에도 가봤다고 했다.

"갈 때마다 암벽에 밧줄 매고 올라가는 사람들이 있었어요. 저도 클라이밍이 매력적이라 생각해 네이버에 물어봤어요. 대학생이고 클라이밍에 진짜 관심 있는데 장비 구하려면 얼마나 드냐고 말이죠. 그런데 이런 답변이 달렸어요. '학생 때는 별로 추천하고 싶지 않습니다. 저도 처음에는 간단한 것부터 시작했는데 점점 돈이 더 많이 드네요.' 그래서 '아, 그래요?' 하고 포기했어요."

"요세미티 암벽 높이가 얼마나 되는데? 한 500미터 될까?"

"400미터 정도 아닐까요? 그것만으로도 엄청난 거죠."

그때만 해도 우리가 며칠 뒤에 1,100미터의 세계 최대 암벽 아래에 설 줄은 몰랐던 것이다.

차는 달리고 또 달렸다. 또다시 아름다운 노을이 우리 앞에 펼쳐졌다. 그 도로 위에서 시간대가 또 바뀌었다. 전자시계 시침도 정확히 인지하고 바뀐다. 휴스턴에 비해서 벌써 2시간이 늦춰졌다.

"어제는 5시 15분에 해가 졌는데, 오늘은 서쪽을 향해 한참을 와서 시간대가 한 시간 달라지니 5시 45분에 해가 지네. 땅이 넓은 미국이니 이런 것까지 경험하네."

그랜드캐니언의 울창한 숲을 벗어나 라스베이거스로 다가갈수록 누런 억새밭이 펼쳐지더니 어느새 돌산이 끝 모르게 이어졌다.

8시가 되자 멀리 밝게 명멸하는 도시의 하늘이 보였다. 라스베이거스였다. 라스베이거스 중심부에서 멀지 않은 호텔에 도착해 짐을 풀자 9시 반이 넘었다.

우리는 거리로 나왔다. 크리스마스이브를 하루 앞둔 날이라 사람들이 많았다. 지붕이 덮여 있는 거리로 한참을 내려오다 보니 12월 중순에 비키니 차림의 여인들이 곳곳에서 보이는 것은 물론, 술 매장에서는 탁자에 올라 상체를 벌거벗고 춤추는 여인도 있었다. 우리는 관청에 온 촌닭처럼 30분 동안 거리를 따라 내려갔다가 다시 올라오며 라스베이거스 공기를 마셨다.

호텔 1층에는 엄청난 규모의 카지노가 있었다. 다른 놀이는 할 줄 모르는데 그나마 슬롯머신은 문외한도 가능했다. 수십 달러를 넣고 좀 돌리다 보니 어느새 0이 돼버렸다. 너무 피곤해서 더 놀 생각은 못 하고 그냥 호텔 방으로 올라왔다. 그래도 30여 분 수다를 떨며 방금 본 거리와 카지노 이야기를 하다 잠든 것은 물론이다.

24일 아침이 밝았다.

여행을 시작한 이래 대개 그날의 행선지가 딱 정해지는데, 이날은 어딜 간다고 계획해둔 곳이 없었다. 생각 끝에 내가 말했다.

"라스베이거스가 어떤 동네인지 차를 타고 한 바퀴 돌아보자. 나는 만델레이베이 호텔에 가보고 싶어."

2017년 10월 1일 이 호텔에서 미국 최악의 총기 테러가 발생했다. 스티븐 패덕이라는 58세 남자가 만델레이베이 호텔 32층 객실에서 길 건너편 루트91 하베스트 콘서트장을 향해 AR-15 반자동소총 등 공격용 화기로 총탄 1,000여 발을 발사해 500여 명이 부상을 입고

천장에 하늘을 그려 넣은 어느 카지노

59명이 사망했다. 당일의 참상이 너무 생생해 나는 그 비극이 벌어졌던 현장에 가보고 싶었다.

느지감치 출발해 만델레이베이 호텔까지 갔지만 현장은 그냥 사진에서 보던 그대로였다. 언제 테러가 발생했나 싶을 정도로 조용했다.

라스베이거스를 둘러봐도 낮의 거리에는 별로 인상적이랄 것이 없었다.

점심을 먹고 우리는 카지노가 몰려 있다는 거리로 갔다. 이름은 모르겠지만 내부 천장이 파란 하늘을 올려다보는 것처럼 장식돼 있는 곳이었다.

"라스베이거스에 왔으면 카지노에서 놀아봐야지."

이렇게 호기롭게 들어갔건만 우리가 아는 것이라곤 슬롯머신뿐이었고, 기겁할 정도로 빠르게 잔액 떨어지는 속도에 그것마저 오래 하고 있을 수가 없었다. 카지노 내부에 있는 식당의 메뉴는 마음에 들었다. 각종 음식을 파는데, 먹음직한 것이 많아 어느 것을 먹을지 고민해야 했다.

카지노 내부를 둘러보고 밥도 먹고 시간을 보내다 저녁에 춤추는 분수를 구경하러 갔다. 할리우드 영화에서 많이 나오는 바로 그 호텔인데, 분수를 봐도 그렇게 대단해 보이진 않았다. 일산의 춤추는 분수가 더 멋있는 것 같았다.

라스베이거스의 밤은 화려했다. 크리스마스이브에 남자 셋은 우울한 표정으로 거리 이곳저곳을 구경하다가 다시 호텔로 들어왔다. 지금까지 하루에 7~8시간씩 운전하며 이동했던 것에 비하면 하루 종일 도시에서 보내야 하는 생활은 적응되지 않았다. 아무리 그 유명한 라스베이거스라고 해도 이렇다 할 인상적인 기억을 남기지 못했다.

LA를 향하여

크리스마스가 되었다. 우리는 늦게 일어나 밥을 먹으러 베트남 식당으로 이동했다. 크리스마스에는 라스베이거스의 식당들도 쉬는 곳이 많았다. 그러나 금융 투자가로 일하는 오스틴이 잘 아는 형이 명절에도 여는 훌륭한 식당이라고 소개해준 곳에 갔는데 줄이 엄청 길었다.

점심을 먹고 밖에 나와 그 형이 타고 온, 오토 주차가 되는 테슬라를 신기하게 구경했다. 차가 알아서 공간으로 쑥 들어가 멈춰 섰다. 간격이 넓은 미국 주차장이니 가능하지 않았을까. 좁은 한국 주차장에서도 테슬라가 제 기능을 발휘할지 의문이었다.

나는 한국에 와서 차를 소유해본 적이 없다. 술을 마실 일이 많으니 차를 가지고 있으면 언젠가 한 번은 꼭 사고를 칠 것 같다는 우려 때문이다.

그래서 나는 자율주행차가 나오길 손꼽아 기다린다. 나오면 제일 먼저 살 생각이다. 암만 취해도 목적지만 말하면 집에까지 태워주니 음주 사고를 걱정할 일이 없는 것이다. 10년쯤 뒤면 자율주행차가 나오지 않을까 막연하게 기대하다가 저절로 주차되는 차를 보니 내가 차를 사게 될 날도 멀지 않은 것 같아 기뻤다.

1시쯤 우리는 LA를 향해 출발했다. 무연한 황무지가 이어졌다.

특이한 점은 황무지와 사막, 맑은 날씨의 특성을 활용해 재생 에너지 생산 시설이 곳곳에 보였다는 점이다. 풍력 발전 단지가 나타나면 탑처럼 생긴 위에 날개가 3개 달린 발전기가 수백 개씩 서 있었다. 1개당 건설비가 100만 달러가 넘는다고 들었는데, 100개만 건설

해도 1억 달러가 든다는 뜻이다. 수지가 맞을지 모르겠다. 태양광 설비도 황무지 곳곳에 엄청난 규모로 깔려 있었다.

평소 나는 한국에서 재생 에너지를 적극 생산한다는 정책에 반감을 품고 있었다. 한국처럼 인구밀도가 조밀하고 날씨가 변화무쌍한 곳에서 태양광 발전 설비를 도대체 얼마나 깔아야 하나, 패널을 까느라 산은 또 얼마나 훼손될 것인가 등이 걱정이었다.

그런데 미국에 와서 황무지로 놀고 있는 땅이 엄청 많은 것을 보니 여긴 재생 에너지를 활용해도 큰 문제는 없겠다는 생각이 들었다.

지금까지 텍사스에서 서부로 오는 길에 차가 막히는 일은 없었다. 그러나 라스베이거스에서 LA로 넘어오는 구간에서는 한 시간 정도 차가 막혀 정체되는 일이 있었다. 한국이라면 당연하다고 생각했겠지만 미국 고속도로에서 정체를 겪으니 신기했다.

LA로 오는 동안 나와 의성이는 사막에서의 1박을 구상했다. 27일 오스틴은 일 때문에 텍사스로 돌아가야 한다. 그가 돌아가면 우리는 호텔비도 절약할 겸 LA 근처의 조슈아 트리 국립공원에 차를 타고 가서 하룻밤을 잔 뒤 사막에서 해가 뜨는 장관을 보자는 데 의견을 모았다. 평소 침낭을 갖고 다니며 밖에서도 잘 자는 의성이는 사막에서 자는 밤을 버킷리스트처럼 생각하지만, 내가 과연 할 수 있을지 걱정이었다. 어쨌든 노숙 아닌가?

"형, 가능하겠어요?"

"나를 어떻게 보고 그러냐? 나도 탈북할 때 눈 속에서 3일을 자면서 산을 타고 넘었던 사람이거든."

말은 이렇게 했지만 한국에 와서 한뎃잠을 자본 적이 없긴 하다. 솔직히 밖에서 자는 건 내 취향은 아니었다.

태평양을 향해 달리며 바라보는 태양이 지는 광경은 기가 막히게 아름다웠다. 곧추 뻗은 길을 따라 차가 태양 속으로 빨려 들어가는 듯한 기분이 들었다. 해가 지고 뒤늦게 따라온 노을 역시 끝내주게 예뻤다. 지금까지 차를 타고 오며 많은 석양을 보았고 그때마다 흥분하던 의성이지만 LA의 하늘을 보고는 할 말을 잃은 듯했다.

어둠이 찾아오자 차 안에서 오스틴이 미국에 건너와 대학을 다니던 때의 눈물 나는 수난기가 이어졌다. 그의 대학 생활은 3주에 한 번씩 보는 시험을 준비하기 위해 페이퍼에 묻혀 사는 삶이었다. 시험 기간 때는 대학 도서관에서 먹고 자고, 5분 거리의 숙소 가는 시간도 아까워 학교 북스토어에서 티셔츠를 사서 갈아입었다고 했다. 시험이 절정에 달하는 기말 때에는 이렇게 대학 티셔츠를 입고 있는 학생들이 도서관에 점점 많아진다고 한다. 그들도 집에 가면 잘까 봐 도서관에서 버티는 것이었다.

노트 정리가 잘 안 되어 마음 착한 친구들에게 노트를 빌리러 다니던 이야기, 20페이지 넘는 원서를 달달 외우고 들어가서야 처음 A 학점을 받았던 이야기 등도 기억에 남았다. 그의 말을 들으니 내가 살아온 삶에서 그렇게 치열했던 적이 있었는지를 돌아보게 됐다.

오스틴의 이야기를 듣는 사이 어느덧 우리는 LA에 도착했고 이날

태평양을 향해 나가는 도중
마주친 해 지는 풍경.
미국에서 본
가장 아름다운 노을이다.

저녁은 오스틴의 친구인 백지은 양의 집으로 초대받았다. 지은 양의 집은 LA 외곽의 꽤 비싸 보이는 전형적인 2층짜리 미국 주택으로, 동네도 조용했고 정문은 경비원이 지키고 있었다.

백지은 양은 미국과 영국의 주요 언론에서 북한에 관한 보도를 할 때 자주 언급하는 한인 출신 북한 문제 전문가다. 하버드대학에서 행정학 학사와 공공정책 석사를 마쳤고 옥스퍼드대학에서 공공정책 박사 과정을 하고 있었다. CNN과 뉴욕타임스, 워싱턴포스트, 영국 BBC 등에서 북한 관련 보도를 할 때 의견을 물어보는 주요 전문가 중 한 명이다. 2016년에는《North Korea's Hidden Revolution》이라는 책도 냈다.

이런 화려한 이력과는 달리 처음으로 본 이미지는 아주 순진하고 해맑은 아가씨였다. 미국에 건너와 사업을 오랫동안 했다는 지은 양의 부모님도 우리를 환대해주셨다. 그날 저녁은 와인과 함께 북한 이야기를 하다가 2층 침실에 가서 잤다. 서울의 작은 집에서 살다가 1층 크기만 40평쯤 돼 보이는 집에서 자려고 하니 적응이 안 됐다.

미국은 뭐가 다를까?

다음 날인 26일, 우리는 아침을 먹은 뒤 동네를 잠시 산책했다. 최소 100만 달러가 넘어 보이는 집이 쭉 늘어선 동네를 구경할 기회는 지금까지 없었다. 커피 한 잔 들고 정말 환상적인 파란 하늘 아래서 여유롭게 산책하다 보니 부유한 미국인이 된 듯한 느낌마저 들었다.

그러나 이런 동네에서 살려고 미국에 오고 싶은 마음은 생기지 않았다. 아무리 좋은 집이라 하더라도 여기는 미국이다. 나는 북한과의 최전방, 서울이 좋다. 그곳을 떠난다면 아무리 으리으리한 집에서 산다고 해도 마음은 외로울 것 같다. 물론 나이가 들면 이런 생각이 또 바뀔지는 모르겠지만…….

산책을 끝낸 우리는 지은 양과 부모님께 작별 인사를 하고 샌디에이고를 향해 떠났다.

우리의 여행에 샌디에이고를 포함시킨 것은 큰 의미가 있어서가 아니었다. LA에 가니 1박 2일로 갈 만한 곳이 별로 없었다. 또 LA에서 샌디에이고를 잇는 캘리포니아 남쪽에, 미국에서 은퇴자들이 살고 싶어 하는 동네가 많다는 이야기를 들었던 것이 호기심을 자극했던 것 같다. 샌디에이고는 도시가 크지 않아 앞으로도 가보기 쉽지 않기도 했다.

샌디에이고를 향한 길에서도 우리의 이야기는 이어졌다.

"미국에 와서 가장 놀라웠던 점이나 미국의 장점은 무엇인 것 같아? 단점은?"

내가 주제를 던졌다.

"내가 먼저 말해볼게. 먼저 놀라웠던 거. 나는 비행기를 타고 올 때 밑에 펼쳐지는 광활함에 놀랐어. 비행기에서도 끝이 안 보이는 평야를 보면, 산이 가득한 좁은 국토에서 싸우며 사는 우리가 참 답답하게 느껴졌어."

실제로 일본에 갈 때 한반도 동서를 가로지른 적이 있다. 춘천 상공 1만 미터 높이에서 머리를 돌려보면 서해와 서울이 보였다. 다시 앞쪽을 보면 설악산까지만 보이고 동해는 살짝 보이지 않았다. 아마 고도가 2,000미터만 더 높았으면 춘천 상공에서 동해와 서해를 다 같이 볼 수 있었을 것이다. 우리가 사는 땅은 그렇게 작았다. 그러나 미국은 그냥 무연한 평야가 끝이 보이지 않았다. 그게 미국을 만든 국력의 바탕인 듯했다.

"두 번째로 나는 공기가 너무 깨끗해서 놀랐어. 늘 황사에 시달리고 서울의 매연 속에 살다가 미국에 도착하면 그냥 공기 냄새가 달라. 뉴욕 같은 밀집된 대도시도 공항에 내리면 공기가 너무 좋아 폐가 뚫리는 느낌이었어."

의성이가 잠시 생각하더니 말했다.

"저는 사이즈에 놀랐어요. 모든 게 커요. 대학에 가도 그 작은 도시의 대학도 구내를 한 시간 걸어야 했어요. 빵도 크고, 커피도 크고, 심지어 변기에 앉아도 사이즈가 커서 놀라웠어요. 두 번째는 사람들이 정말 친절한 거 같아요. 여유가 있고 배려가 있고 그게 놀라웠어요."

오스틴이 말을 받았다.

"장점이라고 한다면 저는 공공질서를 지키는 미국의 시민의식이 놀라워요. 미국에서 살다가 한국에 가면 이질감이 느껴져요. 제가 북에서 살다 왔는데도 말이죠. 두 번째는 땅이 넓은 거, 그거 형과 마찬가지로 놀라워요. 그래서 저는 북한 사람들 여기 데려와 살게 하고 싶어요.

말 나온 김에 단점을 마저 말하면 첫 번째는 관공서의 느림과 무책임, 두 번째는 인종차별이 심한 거요. 우체국에서 택배를 잃어버린 적이 있는데 서로 책임을 미루며 회피하려는 모습에 화났던 기억이 나요. 단점 하나를 더 꼽으면 치안이라고 할 수 있죠. 이건 더 말할 필요가 없는 미국의 문제죠."

의성이가 말했다.

"저야 이제 와서 산 지 얼마 안 돼서 미국을 평가할 만한 입장은 못 되죠. 안 좋은 점도 좋게 보려고 노력하는 시기예요. 미국 이민자들의 적응 순서가 처음엔 다 좋아 보이고, 나중엔 다 나쁘게 보인다고 해요."

"음, 내가 느끼는 단점은 교통에 너무 많은 시간을 쏟는 거 아닌가 싶어. 땅이 넓으니 어딜 가도 기본이 몇 시간이야. 지금 우리가 차를 몰아가는 거리도 한국에서 보자면 너무 멀리 가는 것 같은데, 여긴 이런 것이 아무렇지 않게 느껴져. 솔직히 3시간이면 서울에서 부산 가고도 남을 시간 아니냐. 한국에선 먼 여행이지. 두 번째는 나도 치안이라고 봐."

잠시 뒤 나는 다시 새로운 화두를 던졌다.

"미국에서 북한의 좋은 점을 한번 좀 찾아보자. 우리가 남북을 살아보고 미국에서도 지내본 입장에서 북한도 좋은 거 있을 거 아니냐. 한번 생각해보자. 의성이가 제일 많을 것 같은데. 온 지 얼마 안 되고, 그리운 것도 있을 거 아닌가?"

이 말이 떨어지자 우리는 잠시 침묵에 잠겼다. 머릿속에 딱 떠오르는 것이 있어야 할 텐데 그게 없었다. 가령 북한을 가본 어떤 사람들은 북한 사람들이 순박하다고 한다. 하지만 그건 외부인을 만난 북한 사람의 태도일 뿐이다. 태어나서부터 속마음을 숨기며 살아야 하는 북한 사람들이 얼마나 이중적 태도를 쉽게 잘 취하는지 우리는 안다.

나도 북한을 칭찬하고 싶지만, 솔직히 내가 미국에서 만난 한인들이 훨씬 더 순박했다. 북한 사람들은 순박하지 않다. 그들이 살아가는 환경이 순박하게 살 수 있게 허용하지 않는 것이다.

오스틴이 말했다.

"치안도 미국보다 낫다고 할 수 없어요. 밤길 가기 무서운 곳이 북한 아닙니까? 어릴 적엔 괜찮은 줄 알았는데 보도가 되지 않아서 그렇지, 어둠 속에 나와서 강도짓 하고 성폭행하고 북한도 심각하죠."

"그래, 북한의 치안은 정말 심각하지. 나도 어렸을 때 깡패한테 많이 빼앗겼어. 그런데 평양은 좀 좋았어. 거긴 잡히면 추방이니 규율이 세서 밤길은 안 무서웠는데, 그래도 좀도둑은 많았지. 서울은 평양에 비해 훨씬 안전한 도시야. 술 먹고 거리에서 자도 옷 벗겨 가는 사람이 없으니 말이지."

20분 넘게 고민했지만 도무지 장점이 떠오르지 않았다.

"미국 와서 북한의 장점을 찾아보려니 이렇게 어렵냐, 휴……."

내가 한숨을 쉴 때 의성이가 갑자기 이야기했다.

"저는 하나로 묶어 세우는 그런 건 좋다고 생각해요."

그 순간 나와 오스틴의 입에서 동시에 "야, 그거는!" 하는 반박이 튀어나왔다. 둘 다 어이없는 표정으로 마주 보며 웃었다.

"야, 그거는 좋은 게 아니고 강제지. 독재의 상징이지. 묶어지는 거 하고 싶어서 묶어지나? 안 하면 죽으니 복종하는 척하는 거지."

"그래도 국론이 분열되지 않고 모아지는 건 나쁘지 않지 않나요?"

탈북한 지 몇 년 안 된 의성이는 아직도 그것이 북한의 장점이라고 생각하는 것 같았다.

"모아지는 것이 아니라 국민이 의견이 없는 거지. 김정은이 하라면 따라 하는 게 노예지, 국론 통일이냐?"

오스틴이 목소리를 높였다.

북한과 한국, 미국을 다 같이 경험한 세 탈북 청년은 한참을 고민했지만 끝내 북한의 장점을 찾을 수 없었다. 솔직히 질문을 던진 나도 이렇게 북한의 장점을 하나도 못 찾을 줄은 생각 못 했다.

"그렇다고 자연이 깨끗하고 아름다운 것도 아니고, 시스템이 좋은 것도 아니고, 사람이 순수한 것도 아니고. 같은 동네에서 오랫동안 살면 서로 의리가 있을지 몰라도 외지인이 가면 북한도 상당히 배타적인 동네야. 등쳐먹으려 하고. 글로벌 스탠더드를 배운 우리 입장에서는 결국 침묵, 침묵, 침묵하다가 결국 하나도 찾지 못했네."

이렇게 결론을 내리고 말았다.

센트럴파크와
서울숲

마침 고속도로 옆에 바다를 바라볼 수 있는 전망대가 있었다. 갈매기들이 무리로 날아와 과자를 받아 먹었다. 미국은 갈매기도 몸집이 우람한 듯했다. 바다에서 나서 자란 나조차 갈매기가 달려들면 흠칫할 정도였다. 전망대에 가니 미국의 좋은 점이 또 보였다.

"북한이나 한국이나 바다 옆을 바싹 깎아서 도로를 닦았는데, 여긴 도로에서 바다까지 상당히 머네. 물론 미국도 바다 옆에 산이 있었으면 깎았을지 모르겠지만, 여긴 벌판이니 깎을 필요도 없네."

오스틴이 갑자기 생각났는지 "형님, 저도 미국이 좋은 점 중의 하나가 공원이라 생각해요"라고 말했다.

"서울숲 만들 때 뉴욕의 센트럴파크를 본떠서 만들었대요. 그런데 서울숲에 가보니 이건 콘크리트로 바닥을 깔고 그 위에 나무를 심었어요. 미국의 공원은 굉장히 자연스러워요. 나무들도 상당히 여유로워요."

"내가 볼 땐 땅이 넓으니까 가능한 일이지. 한국처럼 인구밀도가 높으면 미국도 더러워질 수밖에 없어. 우린 인구밀도 높아서 어쩔 수 없어."

오스틴은 내 얘기에 동의하지 못하는 듯했다.

"그래도 미국 공원은 엄청나게 투자한 게 보여요. 한국은 화장을 하듯이 얍삽하게 발라놓은 것 같거든요. 그러나 미국 공원은 돌을 하나 가져다 놓아도 이게 얼마짜리인지 가늠이 안 될 정도로 비싼 돌을 놓는 것 같아요."

"여긴 돌이 너무 흔해서 비싸지 않을 것 같은데."

"참, 그렇게 삐딱하게 보시긴."

"아니, 그렇게 따지면 서울의 33평 아파트가 미국에서 엄청 좋은 집하고 맞먹는 것처럼, 돌 가격도 같은 돌이라면 서울이 훨씬 더 비싼 거 아닌가?"

"어쨌든 미국은 자연스럽게 관리를 해주는데, 서울은 시멘트를 너무 발라놓고 인공적이라는 느낌이 너무 강하게 와요. 한국에서는 그걸 선호하는지 모르겠지만 미국의 공원이 저에겐 훨씬 자연스럽고 여유로워요. 물론 국토의 크기 문제이기도 하죠."

"워낙 많이 사니 어쩔 수 없어. 여의도 공원 가면 사람이 바글바글하잖아. 미국은 그렇게 바글바글 사람들이 나오는 공원이 있을 수 있을까? 만약 있다면 그것도 인공적으로 만들어야 할 거야."

"센트럴파크에는 사람 많아요. 여름에 가면 진짜 많아요."

"나도 몇 번 가봤지만 갈 때마다 서울에 비하면 훨씬 적었어."

"어쨌든 저는 미국 공원이 더 마음에 든다 이거예요."

자기가 좋다는데 나도 더 할 말이 없었다.

다시 우리는 한동안 북한의 좋은 점 찾기에 몰두했다. 나와 오스틴은 그래도 끝내 북한의 좋은 점을 찾지 못했다.

의성이 한참 뒤에 말했다.

"아무리 생각해도 없지만, 그래도 저는 그냥 이유 없이 좋아요."

"고향에 대한 끌림이겠지. 나서 자란 곳이니 사랑이 있는 곳이고 끌림이 있는 곳이지. 그건 북한의 장점하고는 또 다른 문제가 아닐까?"

의성이가 운전하는 사이 나는 오스틴과 이야기를 나누었다.

"사실 북한이 좋은 거 없는데도 우리는 때로 북한을 그리워하잖아요. 외국에 이민 가서 사는 한국 사람이 많잖아요. 그런데 그 사람들이 시민권에 목숨 거는 게 저는 아직 이해가 잘 되지 않아요."

"시민권이 있어야 여기서 살 거 아니야. 그 사람들도 너처럼 미국을 좋아하니 꼭 여기서 살아야겠다는 마음이 굳어져서 그럴 수도 있지. 살아보니까 내가 어디에 한번 자리를 잡잖아? 그럼 지나왔던 곳으로 다시 돌아간다는 게 참 어려운 문제인 것 같아. 가령 내가 북한에 다시 가서 살면 당연히 돈도 많이 갖고 가서 부자처럼 살 수는 있겠지만, 이미 서울에 익숙해진 사람이 다시 북한에 가서 재정착한다는 것도 어려운 문제일 거 같아. 미국 시민권 따려는 사람도 여기서 오래 살았을 것 아니야. 다시 또 서울에 가서 산다면 어렵지 않겠니? 어차피 여기에 눌러앉아야 하는 것 아닌가 싶어."

내 말에 오스틴이 이번에는 머리를 끄덕였다.

“조선족도 한국에 와 있다가 다시 연변에 가면 눈이 감긴다는 말을 들었어요. 그런데 나는 한국에 가면 눈이 감기진 않아요. 한국이 좋은 점도 많아요. 그런데 지금 미국에서 산 시간이 한국에서 산 시간보다 세 배가 더 많고 하니 이젠 저도 미국이 편해요.”

“사람은 더 좋은 데 가서 살고 싶은 욕심이 있잖아. 북한에서 살면 중국에 가서 살고 싶고, 중국에서 살면 한국에 가서 살고 싶고, 한국에서 살면 미국에 가서 살고 싶고 그렇잖아. 그런데 미국에서 살면 어디 더 좋은 데 가서 살고 싶다는 마음이 끝나는 거 아닌가?”

“그렇죠. 여기서 더 좋은 데 찾으려면 천국 가야죠. 없을 것 같지도 않은데, 저에겐 여기가 종착점이죠.”

“딱히 어디에 더 옮겨 가 살고 싶지 않다는 것이 미국의 또 다른 장점이기도 하네.”

“여기는 이민자들이 만든 나라잖아요. 열 명이 있다면 다섯 명은 다른 나라에서 왔어요. 그러니 모든 것을 다양하게 고려해 만들었고, 다양한 것이 추가가 되잖아요. 여긴 멜팅팟이라고 하잖아요. 용광로라는 뜻이죠. 나와 달라도 인정하는 것, 저는 그게 좋았어요.”

“수용성의 문제지. 미국은 굳이 이 문화에 맞추려 노력하지 않아도 삶이 괜찮은 거지. 한국은 이민자에겐 적응 기간이 꽤 긴 나라이기도 해. 탈북자들도 한국에서 말투부터 바꾸려고 하잖아. 말투가 이상하면 이상하게 보니까. 그걸 정착 기간이라고 하는데, 15년 넘게

살아도 여전히 나를 이방인으로 바라보는 눈빛을 느끼면서 살고 있지. 미국은 그렇진 않잖아. 영어만 배우면 끝이잖아."

진정성이 아니라 절박함을 본다

한참 달리다가 오스틴이 문득 생각난 듯 물었다.

"북한이 지금 국제 사회로 나오겠다고 하는데, 형님은 그들의 말이 진정성이 있다고 보세요?"

"나는 진정성을 안 믿어. 김정은의 절박함을 믿는 거지. 김정은이 자기 체제를 오랫동안 유지하고 싶다고 하면 저렇게 폐쇄적인 봉쇄 상태로 계속 가는 것은 낭떠러지로 가는 거야. 반전시키지 않으면 김정은에게도 그 자식들에게도 미래가 없다고 저들도 판단할 능력이 있다고 봐."

"그런데 북한처럼 폐쇄적인 나라가 문을 열어서, 그래서 북한 사람들이 진실을 안다고 하면 김정은 체제가 더 위험하지 않을까요?"

오랫동안 북한을 다뤄왔고 강연 때마다 많이 들었던 질문이다. 그 질문이 또 튀어나오자 나는 갑자기 강사로 돌변했다.

"그게 딜레마이긴 하지. 그러나 문을 여는 것이 꼭 위험하다고 볼 순 없어. 중국을 봐. 13억의 인구가 일당 독재 밑에서 살아가는 것이 역사적으로 최초일 거야. 그런데 중국 사람들이 외국을 모르나? 인터넷에서 단어 몇 개 차단한다고 모르는 것은 아니야. 누구라도 외국 여행도 가능하고. 경제도 개방했지만 아직 공산당 통치는 건재해.

러시아는 경제도 개방하고 정치적 다당제도 형식상이나마 도입했어. 그렇다고 푸틴 정권이 허약한가? 아니야. 중국과 러시아가 공산당 독재가 가능한 것을 북한이 봤어. 북한은 인구가 2,000만밖에 안 되는, 어쩌면 상해나 베이징 거주 인구 정도밖에 안 되는 소국이야. 독재 시스템은 더 철통같고. 이런 조건이라면 김정은이 중국도 러시아도 가능한데 나는 훨씬 더 통제가 가능하다고 판단할 수 있는 거야."

"중국과 러시아 사례가 북한과 다른 것이, 북한은 철저한 우상화를 했잖아요. 지도자에게 신성을 부여했어요. 중국과 러시아 공산당이 실패한 것은 신성을 부여하지 못했기 때문 아닐까요?"

"그것도 전제를 돌려서 봐야지. 신격화가 무너지면 북한은 무너질 수밖에 없을까? 북한 체제 유지에서 신격화의 부분, 공포 통치가 기여하는 몫이 어느 정도인가 하는 식으로 따져봐야 하지."

"우리도 탈북해 중국에 나와서 초기에는 중국 사람들이 김정일을 욕하면 반발했잖아요. 그런데 진실을 알게 되니 어린 나이에도 불구하고 그게 더 큰 증오로 바뀌더란 말이죠."

"그래, 북한도 그걸 아니까 아주 활짝 열지는 않겠지. 차츰 통제 가능한 상태로 열겠지. 그 과정은 한 10년 이상 될 거야.

북한이 문을 열면 특구 전략으로 갈 거야. 개성공단 같은 것을 10개

만들고 보위부원들이 들어가 통제하겠지. 지금 개성공단에서 한국 사람과 북한 사람은 자유롭게 이야기가 가능하지 않잖아. 북한 사람들이 달라지는 건 생활 수준만 달라지는 거지.

북한은 개혁과 개방을 절대 같이 보면 안 돼. 중국은 가능해도 북한은 세습이란 것이 있기 때문에 개혁은 쉬워도 개방하긴 너무 어려운 사회야. 그렇기 때문에 울타리 쳐놓고 안을 통제하며 경제를 발전시키는데, 울타리 밖에 있는 사람은 진실은 몰라도 생활이 좋아지면 만세를 부를 수밖에 없는 거지. 그렇게 경제 업적을 꾸준히 만들고 또 이걸 내세우면서 노동당 통치가 무너지면 사회가 혼란이 와서 삶이 파탄 난다고 겁을 주는 선전을 오랫동안 하며 세뇌하겠지.

중국이 대표적이야. 이번에 시진핑 주석이 종신 연임 헌법까지 통과시켰는데, 그게 왜 가능할까? 그건 독재로 내리눌러서만 가능한 일이 아니야. 중국은 마오쩌둥에 대한 우상 숭배는 시도하다 실패했지만, 대신 공산당이 왜 통치해야 하는지를 중국 사람들에게 설파하는 데 성공한 거야. 공산당처럼 경제를 매년 7~8% 성장시킬 수 있는가, 미국식 민주주의가 중국과 같은 나라에 맞는가, 공산당 통치가 사라지면 혼란이 벌어지고 나라가 분열되고, 다시 외세에 짓밟히던 100년 전으로 돌아간다. 이런 식으로 주입하니 중국 사람들이 강력한 리더십이 아직은 필요하다고 보고 시진핑 종신을 묵인하는 거야. 물론 그들도 천안문 사태를 겪었기 때문에 함부로 반항하면 죽는다는 공포가 있어.

푸틴은 또 어때? 러시아 사람들이 갖고 있는 트라우마, 즉 소련이 붕괴돼 나락에 빠졌던 그 상황을 반복하지 않겠다는 공포 심리, 소련이 강대국 시절에 가졌던 자긍심, 이런 것들을 아주 적절히 혼합해서, 강력한 러시아를 만들려면 강력한 지도자가 필요한데 이게 바로 푸틴이라는 것을 주입하는 데 성공한 거야. 그래서 러시아에서 선거하면, 부정선거가 있긴 해도, 그게 없어도 푸틴은 당선돼.

김정은이 그런 사례들을 모르겠냐. 똑같이 할 거야. 내가 없으면 이 사회가 지금처럼 10%씩 발전할 수 없다는 세뇌를 하는 거지. 또 내가 무너지면 나만 한 리더십이 과연 있나, 나와 같은 강력한 리더십이 무너지면 우린 중동 꼴이 난다. 그나마 내가 통치하는 것이 우리 인민을 가장 빨리 잘살게 하는 길이다. 나는 인민을 위해 잘못된 노선을 과감하게 수정하고 목숨처럼 소중한 핵도 포기하며 경제를 발전시키기 위해 불철주야로 노력하는 지도자다.

이런 세뇌가 나는 먹힐 거라 봐. 북한 사람들은 아직 민주주의에 대한 훈련이 전혀 돼 있지 않아. 세계도 모르고. 탈북자들만 봐도 서울에 와서 몇 년씩 살아도 민주주의에 대한 이해도가 빨리 오르지 않아.

또 정보를 적절히 차단하고 공포를 조성하며, 이밥에 고깃국을 먹여주며 이런 메시지를 서서히 머리에 심는 거지. 그럼 북한 사람들이 역시 김정은은 대단한 지도자라고 하지 않겠나. 확신이 없는 새로운 지도자보다는 김정은이 낫다고 생각하게 만드는 거지.

공포도 중요해. 북한도 평양 시민이 한 200만인데, 이 중에서 외국을 경험한 사람이 50만 명이 넘어. 러시아에 벌목공 보내도 평양 사람들 중에서 보내. 그럼에도 평양이 끄떡하냐? 외국 나와본 사람은 그 사회가 어떤지 잘 알겠지만 방법이 없는 거야."

운전하던 의성이가 끼어들었다.

"그런데 김정은이 선대의 노선을 과감하게 수정할 수 있을까요?"

"아니, 선대의 노선이 잘못됐다고 하지 않고, '그때는 맞고, 지금은 아니다'라는 논리를 적용하겠지. 그리고 그때 그렇게 버텼기 때문에 식민지가 되지 않고 지금 잘살 수 있는 기반이 마련된 것이다, 이런 식으로 미화하는 거지.

김정은의 입장에선 중국과 러시아만 참고할 대상이 있는 것이 아니야. 리콴유의 싱가포르 모델도 있지. 리콴유가 우상화했나? 아니지만 일당 독재를 죽을 때까지 했어. 그렇다고 민주주의 사회가 아니라고 보나? 대개 그렇게 생각하지 않지. 국가 주도 자본주의 방식으로, 통제를 무턱대고 하는 것이 아니라 정당성을 부여하며 했어.

가령 내가 지금 껌을 씹고 있는데 싱가포르에서는 껌을 아무 데나 뱉으면 벌금이 몇백 달러가 나와. 이거 싱가포르 사람들이 불만이 많을 거 아니야. 그런데 이걸 리콴유가 어느 순간에 '벌금 부과해' 이렇게 지시하지 않았어. 껌을 자꾸 마구 버리니 껌 때문에 트램 문이 계속 고장 나는 거야. 수리비가 엄청 들어가. 그건 세금이야. 그러니까 리콴유가 사람들 모아서 '엄청난 국가 세금이 문 수리에 드는

데, 껌 버리는 것을 규제할까, 아니면 그냥 놔두고 세금 더 받을까?' 이렇게 묻는 거야. 답은 뻔하지. 통제해야 한다, 이러면 벌금 얼마 할까? 200불 하자. 이렇게 해서 그런 법이 나오는 거야. 독재자가 민주주의 수렴 형식으로 포장하며 가는 거야. 물론 결론은 리콴유 의도대로 흘러가겠지만 말이지.

나는 김정은이 마음속으로 닮았으면 원하는 매력적인 모델의 독재자가 리콴유일 거라고 생각해. 심지어 리콴유는 선거를 통해 아들에게까지 권력을 물려주었잖아."

마침내 이 토론은 나의 이런 결론으로 끝맺었다.

"우리가 민주주의적 시각에서 북한의 변화를 보고 있는데, 북한 사람들 현재의 눈높이에서 김정은 체제를 본다고 가정해봐. 세뇌가 훨씬 쉽지 않겠나.

내가 김정은이라면 충분히 장기 집권 가능할 것 같아. 강력한 독재 시스템을 장악했지, 프로파간다를 다 장악했지, 경제 발전시킬 수 있는 동원력이 있지, 70년 길들여지는 데 습관이 된 주민들이 있지, 이 정도면 가능하지 않겠나."

남자들 모이면 여자 이야기

동생들에게 대학 강의 같은 일장 연설을 하고 나니 더워졌다. 게다가 남쪽으로 내려갈수록 날씨도 급격히 더워졌다. 12월인데도 반팔이 필요할 것 같았다.

“우리 가다가 쇼핑이나 할까? 시간도 넉넉하고 주변에 프리미엄 아울렛이 있는데 미국에서 처음으로 쇼핑을 해보자.”

의성이는 LA로 돌아가면 자기에게 잘 대해주었던 어느 현지 교포 딸의 결혼식에 가게 된다. 그런데 우리가 여행을 떠나오다 보니 의성이는 결혼식에 입고 갈 바지가 변변치 않았다. 사실 나는 전부터 미국에 와서 공부하는 의성이에게 옷을 좀 사주고 싶은 마음이 있었다.

“형들은 뭐 사고 싶어요? 난 바지 하나 사야겠어요.”

“나는 사고 싶은 게 없는데…….”

“나도 없는데…….”

오스틴이 갑자기 “아, 오늘이 26일이죠. 오늘은 미국의 빅쇼핑데이예요”라고 했다.

“오, 그럼 진짜 싸겠네.”

“아니에요. 빅쇼핑데이는 가격은 그대로인데 사람만 많은 날이라 보시면 돼요.”

오스틴이 싱긋 웃으며 말했다.

내가 생각한 그런 할인이 없다는 말에 김이 샜다.

아울렛에는 주차할 자리도 찾기 힘들 정도로 많은 사람들이 몰려왔다. 도널드 트럼프 대통령이 집권한 뒤 미국 경제가 많이 좋아지고 있다는 느낌은 들었다.

"한국에서는 주차할 자리를 찾느라 빙빙 도는 게 당연했는데, 미국에 오니 벌써 적응됐는지 이렇게 주차할 자리가 없어 빙빙 도는 게 낯설어지네."

쇼핑몰엔 아시아인들이 많이 눈에 띄었다. 창밖으로 한 무리의 늘씬한 아가씨들이 다가왔다. 오스틴이 중얼거렸다.

"난 어딜 가나 세계에서 한국 여자들이 제일 예쁜 것 같아요."

주차장에 들어올 때까지만 해도 살 게 없다고 말해놓고선 정작 쇼핑몰에 들어간 뒤 우리는 너무 싸다고 연신 감탄하며 폭풍 쇼핑을 했다. 그렇게 3시간 정도 쇼핑한 뒤 다시 샌디에이고 시내로 향했다. 날이 저물 때쯤 시내로 들어갔는데 컬러풀한 도시라는 인상을 강하게 받았다.

저녁을 먹기 위해 바다 쪽으로 차를 몰았다. 샌디에이고에서 멕시코 도시 티후아나가 20분 거리라고 들었지만, 일행 중에 여권이 있는 사람은 나밖에 없어 멕시코까지 가보는 것은 진즉 포기하고 여기서 밤을 보내기로 했다.

여기저기 둘러보다 방파제 끝에 있는 해산물 식당을 발견했다. 방파제 반대편에는 항공모함이 있었는데, 불빛을 보니 전시용인 듯했다. 식당에는 줄을 설 정도로 사람이 많았는데, 주문한 음식도 양이 많았다. 역시 미국이었다. 우리는 다양한 회와 큰 랍스터, 홍합 등으로 배불리 먹었다.

총각들인지라 결혼이 화제가 됐다. 오스틴이 이야기를 풀어갔다.

"사실 부모와 나라는 선택할 수 없는 거잖아요. 북에서 태어난 것은 그 사람의 잘못이 아니죠. 그럼에도 불구하고 한국 사회는 출신지에 대한 책임을 지라고 하는 것 같아요. 마치 북에서 태어난 것이 태어난 이의 잘못인 듯이 말이죠."

내가 그 말을 받았다.

"나도 강의에 가면 '북한에서 온 남자들은 결혼도 잘 못 한다면서요? 멸시받는다면서요?'라는 질문을 종종 받아. 얼마 전에도 그런 질문을 받았어. 그래서 내가 이랬어.

'왜요? 북에서 온 것이 얼마나 장점인 줄 아세요? 옛날엔 탈북 남성이 멸시를 받았는지 모르겠지만 요즘에는 탈북 남성들 엄청 주가가 오릅니다. 제가 이유를 말해볼게요.

'첫 번째, 탈북 남성은 시댁이 없습니다. 그래서 그와 결혼하면 추석날에 해외여행 갈 수가 있어요.' 시월드 없단 말에 그 자리 앉은 여성들이 막 박수를 치더라. 그거 하나면 설명이 끝난 거야. 여기에 설명이 더 들어가는 거지.

'두 번째, 탈북 남성은 책임감이 높습니다. 어차피 돌봐야 할 사람이 아내밖에 없어요.' 시댁이 없고 아내에 대한 충성과 책임감이 엄청 강하면 그런 장점이 또 어디 있겠나. 데릴사위가 가능한 사람들이지."

오스틴과 의성이 크게 웃는다.

"세 번째는요?"

"세 번째도 있어야 하나? 음, 우리 함께 한번 생각해보자."

의성이 "어떤 상황에서도 살아남고 생활력이 강한 거 아닐까요?" 라고 한다.

우리는 세 번째 장점에 공감했다.

계산을 하고 밖으로 나오니 밤바다가 넘실댔다. 가까이에서 물개 우는 소리가 들려 놀랐다. 암컷이 부르니 여기저기서 수컷이 화답하는 듯했다.

미국에서 팔 만한 북한 상품?

다음 날인 27일, 우리는 다시 길을 나섰다. 오후에는 LA로 돌아가 오스틴을 보내야 한다. 직장인이라 휴가를 일주일밖에 못 낸 것이다. 미국답게 도로에는 다양한 개성을 드러낸 차들이 많았다. 내가 말했다.

"북한에 가서 갱생 승용차를 뽑아 올 수 없을까? 미국에서 그거 경매 붙이면 몇만 달러는 받을 거 같아. 이런 도로에서 벤츠 S500 이상을 타고 다녀도 갱생만큼 주목받지는 못할 거 같아."

갱생은 북한이 1960년대부터 생산하는 승용차 이름이다. 지프 비슷하게 생겼지만 모양은 많이 다르다. 진한 녹색 외관에 특이한 모양의 북한산 지프가 미국 도로를 달리는 상상을 해봤다. 아마 모든 사람들의 이목을 사로잡을 것 같다. 사람들의 이목을 끌기 위해 차를 사고 고치는 미국 사람들 중에는 이런 차에 열광하는 사람이 분명 있을 듯했다.

북에서 온 지 얼마 되지 않은 의성이 말을 받았다.

"이제는 북한에도 갱생이 없을 거예요. 너무 오래된 거라. 그걸 가지고 와서 엔진을 바꾸면 몰라도 60마일 이상 놓고 달리면 차가 분해될지 몰라요."

"북한 시골길도 털털거리며 잘만 달리는데, 미국은 도로가 좋아서 괜찮을 거야."

"그런데 60마일 이상 나가긴 나가나요?"

"그래도 승용찬데 나가겠지. 갱생이 좋은 점은 부품을 깎아서 다 맞출 수 있다는 거야. 요즘 차들은 엔진이 고장 나면 전문 수리소에 가잖아. 그런데 북한에서 갱생은 어느 지역에서나 이리저리 부품 깎아서 넣다 보니 40년씩 타고 다니잖아. 쿠바에서 1930~40년대 생산된 차들이 아직도 달리는 것과 비슷한 거지."

북한에서 낡은 갱생은 몇백 달러만 주면 얼마든지 구할 수 있을 것 같았다.

"딱 3대만 수입해서 미국에 갖고 오면 얼마든지 팔릴 것 같은데. 거기에 강한 엔진을 바꿔 달고 노스코리아 지프라고 선전해도 될 듯해."

이야기는 자연스럽게 이어졌다.

"북한 상품 중에 미국에 가져와서 팔 만한 것이 있을까?"

미국에 사는 오스틴이 생각을 좀 해보더니 대답했다.

"요즘 북한 그림이 인기가 좀 있어요."

"그림은 노리는 사람이 많아 마진이 많이 남지 않을 거야. 이건 누구나 다 생각할 수 있는 거니까."

"얼마 전에 광주에서 열린 북한 그림 전시회에 갔어요. 그런데 그림들 보다가 어이가 없었어요. 이런 그림도 있어요. 수력발전소를 건설한다며 수백 명이 달라붙어 공사하는 그림인데, 다들 해맑게 웃고 있어요. 아니, 미국이라면 중장비 몇 대가 가서 하면 되는데, 그 많은 인력이 바글거리는 것이 자랑이라고 그림까지 그린 거 보고 어이가 없었죠. 모든 그림 속의 사람들이 다 해맑게 웃어요. 인위적인 것이 너무 부각돼요."

"1997년 이후 북한 작품들을 보면 노동자들이 다 웃는 모습으로 나와. 그거 고난의 행군 때 '가는 길 험난해도 웃으며 가자'라고 김정일이 한마디 했다고 그림이 다 바뀐 거야. 웃으며 간다는 프로파간다를 담는 거지. 그걸 보고 모르는 사람은 북한 그림에 특유의 낙천성이 나타난다고 분석하더라고."

내가 다시 아이디어를 냈다.

"수예는 어떨까? 판로만 있다면 북한에서 많이 나올 수 있을 텐데. 수예 작품은 미국 사람이 하든 북한 여인이 하든 똑같이 한 달 걸려. 그런데 미국은 한 달 인건비가 수천 달러인데, 북한은 수십 달러면 되는 거지. 100배 넘는 인건비 차이를 감안하면 수예 작품도 팔릴 것 같은데. 또 이건 어떨까? 스포츠 에이전시를 하는 거지. 류현진급은 아니더라도 100만 달러 정도 받을 수 있는 선수를 찾아서 미국에 데리고 오는 거야."

오스틴이 이 말에 반대했다.

"그건 어렵다고 봐요. 스포츠는 어릴 때부터 해야 해요."

"북한 여자 축구 선수는 경기력이 좀 되잖아?"

"에이전시는 돈이 엄청 들어요. 잘될지 확신이 없어요."

다시 주제가 바뀌었다.

"미국 사람 중에 김정은을 아는 사람이 몇 퍼센트나 될까?"

의성이가 "70~80%쯤 되지 않을까요?"라고 하자 오스틴이 받았다.

"김정은은 여기서 스타예요. 미국에서 한국보다 노스코리아가 더 유명한 것은 인정해야 해요. 콘퍼런스 하면 한국 관련에는 사람들이 안 와요. 한국의 정치, 경제, 문화 이런 데는 관심이 별로 없어요. 그러나 북한은 미지의 나라이기 때문에 정치든, 경제든 아무튼 궁금한 것이 많아서 사람들이 와요."

오스틴은 대학생 때 한인 학생회장을 지내기도 했다.

"한인 학생회이니 이벤트를 하긴 해야 하는데, 한국으로 가면 케이팝 빼고는 안 와요. 그냥 한국은 케이팝이죠. 반면 북한은 미국에서 분명한 시장이 존재해요."

"그럼 오스틴이 북한 사람이라고 하면 미국 사람들은 처음에 어떻게 반응하나? 미국에서 북한 사람이라고 소개하는 게 낫나, 아님 한국 사람이라고 소개하는 게 낫나?"

"주목받고 싶다면 북한 사람이라고 하고, 그렇지 않다면 한국 사람이라고 하면 되죠. 저는 어느 나라 사람이냐는 질문을 받으면 코리언이라고 하는데, 그럼 대개 한국을 잘 아는 척하며 사우스냐 노스냐 다시 물어봐요."

사막에서 잠을 자겠다고 벼르는 의성이를 보며 내가 농담을 던졌다.

"만약에 우리가 가려는 사막에서 두 명의 노스코리안이 실종되면 진짜 화제가 되지 않을까? 아니, 노스코리언이 사막엔 왜 갔냐 이러면서 말이지. 테러하러 왔냐 이러면서 동네에 화제가 되지 않을까? 사우스코리언이라면 이슈가 되지 않겠지만 노스코리언은 '누구일까? 왜 왔을까?' 이러면서 엄청 언론의 관심 대상이 될 듯해."

오스틴이 웃으며 "어쩌나 둘이 한번 실종돼보세요. 뉴스의 헤드라인이 '미싱 투 노스코리언'이 될 거예요"라고 한다.

차는 물개와 바다사자 관람으로 유명한 라호야 해변에 멈춰 섰다. 바위 위에서 물개와 바다사자들이 여유롭게 햇살을 즐기고 있었다. 사람들이 다가가도 별로 놀라지도 않았다. 왜 샌디에이고에 물개와 바다사자들이 몰려드는지 이유는 알 수 없다. 평화로운 바다와 물개를 배경으로 한참 동안 사진을 찍고 다시 길을 떠났다.

오스틴을 공항에 데려다주기 전에 LA의 명물인 인앤아웃에서 햄버거로 마지막 식사를 했다. 사람들이 너무 많아 주차장에서 센 바

샌디에이고의 명물인 라호야 해변에서는
바다사자들이 여유롭게 일광욕을 즐기는 모습을
가까이에서 볼 수 있다.

람을 맞으며 먹었는데, 햄버거를 별로 좋아하지 않는 나도 어쩌다 먹기엔 맛이 괜찮은 듯했다.

마침내 공항에 도착하고 오스틴과 헤어지는 시간이 왔다.

"내가 죽기 전에 이 세상에서 뭐 하고 살았던가 떠올리면 이번 여행은 반드시 머리에 떠오르게 될 거야. 중부에서 서부까지 너무 좋았던 여행이야. 나중에 탈북 대학생들 데리고 미국 한번 횡단하고 싶어."

나의 여행 소감이었다. 원래 나도 27일까지만 미국에 있을 계획으로 떠났지만, 의성이가 샌프란시스코까지 간다는 말에 그와 동행하느라 미국 체류 스케줄을 며칠 더 늘렸다.

오스틴은 27일까지의 여행 스케줄을 완벽하게 조율했다. 그는 찾아갈 장소, 호텔 등을 잘 예약해 빈틈없이 LA까지 여행을 이끌었다. 나는 아무 걱정 없이 차에 타고 내리면 됐다. 하지만 이제는 영어도 변변치 않은 나와 의성이가 LA를 거쳐 샌프란시스코까지 여행해야 했다. 호텔 예약부터 자동차 대여까지 잘 해낼 수 있을지 자신이 없었다.

"오늘 밤부터는 고생이겠네."

말이 씨가 된다고, 몇 시간 뒤에 실제로 그런 일들이 벌어졌다.

작별 인사를 하고 기념사진도 찍은 뒤 오스틴의 뒷모습이 공항 건물 안으로 사라지자 허전한 기분이 들었다.

공항을 떠난 우리는 부리나케 승용차 반납 장소로 향했다. 이곳에 지금까지 여행을 함께한 빨간색 소나타를 반납하고 다시 차를 빌릴 예정이었다. 가는 길에 차가 많이 막혔다. 어두워서야 반납 장소에 도착했는데, 반납하는 것은 생각보다 어렵지 않았다.

나와서 다시 차를 빌리려고 예약해둔 장소로 우버를 타고 열심히 갔는데, 교통 체증 때문에 시간이 너무 지체됐다. 갔더니 문을 닫았다. 딱 20분 늦었는데 긴급 서비스란 것도 없었다. 그냥 지정된 시간이 아니면 차를 빌릴 수가 없었다.

원래 차를 빌려 사막으로 가서 밤을 지새울 예정이었지만 결국 주변에 호텔을 잡아야 했다. 직접 호텔에 가서 예약 없이 당일 들어가려니 미국 특유의 느린 시스템이 너무 눈에 거슬렸다. 여권을 들고 이리저리 다니며 늦장을 부리며 무려 한 시간 이상 걸렸다.

겨우 방에 올라가 짐을 푼 우리는 다시 우버를 불러 저녁을 먹으려 한인 타운으로 향했다. LA의 한인 타운은 공포스러웠다. 치안이 안 좋은 동네라는 것은 알았지만, 실제 가보니 상상 이상으로 낡고 무서웠다. 늦은 밤이라 문을 연 식당이 거의 없어 이리저리 다녀야 했는데, 길거리를 다니는 사람도 없었고 가로등도 밝지 않았다. 어느 골목에서 강도가 튀어나와 권총을 겨누면 다 빼앗길 것 같은 두려움이 생기는 동네였다.

"의성아, 강도가 튀어나오면 형을 대신해 총에 맞을 거야?"

"아니, 형님. 나눌 게 따로 있지, 그걸 어떻게 대신합니까?"

농담으로 무서움을 감추며 거리를 헤매다가 겨우 문을 연 식당을 찾아냈다. 된장찌개와 김치를 먹으니 살 것 같았는데, 이곳에선 술을 팔지 않았다. 음식을 포장해서 호텔로 돌아와 의성이와 함께 술을 마신 뒤 잠에 들었다.

4. 잊을 수 없는 요세미티 투어

★★★

할리우드의
노숙자 될 뻔

다음 날 아침 의성이가 양복을 빼입었다. 오후에 지인의 결혼식에 참석해야 하기 때문이다.

오전에 차를 빌리고, 점심에 나의 지인을 만나 식사를 한 뒤 의성이는 결혼식에 가고 나는 할리우드 거리를 관광하며 기다렸다가, 그가 돌아오면 차를 타고 조슈아 트리 국립공원에 가서 야외에서 잠을 자려는 계획이었다. 차를 예약했던 곳으로 다시 찾아가 포드 SUV를 빌렸다. 생산된 지 얼마 안 된 깨끗한 차량이라 마음에 들었다.

점심에 오래전부터 알고 지냈던 베델교회 김병주 집사님을 만나 식사를 했다. 사실 LA에 가면 아는 사람이 적지 않지만 시간이 별로 없어 누구에게도 내가 LA에 간다는 이야기를 하지 않았다. 그러나 김 집사님과 사모님은 과거에 정말 잘 해주셨던 기억이 있어 인사라도 드리고 싶었다.

점심을 마치고 의성이와 함께 할리우드 거리에 갔다. 할리우드 거리도 예전에 3일이나 묵었던 경험이 있어 매우 익숙한 곳이다. 나는 거기서 의성이가 결혼식에 갔다가 올 때까지 기다릴 생각이었다.

"형, 3시간이면 갔다 와요."

이 말을 남기고 의성이는 차를 몰고 떠났다. 나는 천천히 거리를 둘러보기 시작했다. 잠시 뒤 어떤 무서운 상황이 펼쳐질지 상상도 못 한 채…….

할리우드는 10년 전과 별로 달라진 것이 없었다. 시간을 보내기 위해 거리를 천천히 여유롭게 돌아봤지만 워낙 거리가 길지 않고 쇼핑도 즐기는 편이 아니라 2시간쯤 지나니 더 돌아볼 것도 없었다. 예전에 묵었던 호텔 로비에 들어가 기다리기로 했다. 로비에 들어간 6시쯤 의성이에게 내가 이쪽에 있으니 떠날 때 문자 메시지를 확인하라는 연락을 했다. 그리고 시간을 보낼 겸 휴대전화로 기사들을 찾아보며 있었다.

그런데 7시가 돼도 의성이가 문자 메시지를 확인하지 않는 것이었다. 내 휴대전화의 배터리는 거의 떨어져가고 있었다. 배터리가 나가면 의성이와 연락할 길이 없어진다. 문자 메시지를 1시간째 확인하지 않는 것을 보고 갑자기 의성이가 휴대전화를 잃어버렸다고 상상해봤다. 그와 만날 수 있는 방법이 없게 된다. 헤어질 때 미리 어디서 만나자고 약속해둔 것도 아니었다.

현대 문명사회에서는 사람들이 전화번호를 기억하고 살지 않는다. 의성이가 내 전화번호를 외우고 있을 리 만무했고, 나도 미국에 온 뒤 문자 연락만 했지, 의성이의 미국 전화번호를 저장해두지는 않았다. 그가 다른 사람의 휴대전화를 빌린다 해도 내게 연락할 방법이 없는 것이다. 나도 문자 메시지가 되지 않으면 연락할 방법이 없었다. 배터리가 나가면 큰일이었다.

그때 두려움이 시작됐다. 휴대전화를 충전하지 못하면 나는 의성이와 만나지 못한 채 오늘 어느 호텔에 들어가 잠을 잘 판이었다. 그런데 여권과 돈이 든 가방을 의성이가 차에 싣고 갔으니 숙박도 불가능했다. 내 지갑에는 용돈 정도밖에 없었다. 의성이와 연락이 되지 않는다면 진짜 할리우드의 노숙자가 돼야 한다는 결론이 나오는 것이다. 마음이 급해졌다.

한국이라면 식당에 가든 어딜 가든 배터리를 충전하기가 어렵지 않지만 미국은 그렇지 않았다. 호텔 로비에 가서 충전이 가능하냐고 물었는데 충전기가 없다고 했다. 그래서 일부러 근처 펍에 가서 음식을 주문하면서 충전이 가능한가 물었지만 충전기가 없다고 했다.

당황한 나는 오스틴에게 문자를 보냈다. 그에게서 답장이 오기까지 몇십 분이 그렇게 길 수가 없었다. 답장이 올 무렵 배터리는 10% 쯤 남았다. 상황을 설명하자 오스틴은 전자기기 숍의 이름을 알려주며 근처에 있는지 검색하고 거기서 보조 배터리를 사라고 알려주었다.

마침 걸어서 5분 거리에 있었다. 찾아가 보조 배터리를 사려고 했는데 팔지 않았다. 할 수 없이 충전기라도 사려고 했더니 내 전화에 필요한 5핀 충전기는 없었다. 오늘은 꽃제비를 쳐야 하는 운명인가 보다 싶어 머릿속이 하얗게 변해갔다.

배터리가 3% 남은 휴대전화를 들고 실의에 빠진 순간 문자 메시지가 떴다. 의성이였다. 살았다 싶었다. 루스벨트 호텔 앞에서 만나자고 문자를 보냈더니 2% 남았다. 급히 호텔로 돌아가 거리에서 차를 살피기 시작했다.

7시쯤 온다던 의성이는 결국 9시가 다 돼서 나타났다. 이미 나의 휴대전화는 꺼져 있었다. 할리우드 표류기를 쓸 뻔한 순간 기적적으로 살아난 것이다. 의성이는 배터리가 나간 줄도 모르고 결혼식을 즐기다 나중에 상황을 알고 또 충전하느라 시간을 보냈다고 했다.

차에 오르자마자 푸념이 시작됐다.

"완벽할 것 같았던 여행이, 오스틴이 가니까 순식간에 엉망진창으로 변했네. 어제는 차 빌리는 시간 확인 안 해서 20분 늦는 바람에 예상에도 없이 호텔에서 하루 더 보냈지, 식당 예약 안 하고 가서 무서운 거리 헤맸지. 오늘은 너의 지각과 배터리 때문에 공포의 두 시간을 보냈지……. 한 명 빠진다고 하루 밤새 지옥이 펼쳐지네. 널 만나 가까스로 노숙을 면했다고 이렇게 기쁠 수가 없으니, 이게 정상인 상황이냐? 너에게 화를 내봐야 오늘 저녁 사막에 나를 버려두고 달아날지도 모르니 욕도 못 하겠고 참……."

푸념하는 동안 의성이는 낄낄거리며 혼자만 죽겠다고 웃는다.

사막 캠핑과
해돋이

우리는 조슈아 트리 국립공원을 향해 밤길을 달리기 시작했다. 3시간 정도 걸리는 거리였다. 이곳 사막에는 선인장처럼 생긴 높은 나무가 사는데, 그 나무 이름이 조슈아 트리였다.

미국의 고속도로는 차선들에 반사 도료를 발라 빛이 나는 것이 인상적이었다. 도로가 아니라 수영장 레인을 달리는 듯한 느낌마저 들었다.

사막 구간에 들어가니 휴대전화 신호가 점점 약해지더니 완전히 끊어져버렸다. 여기서 도로에서 벗어나 차가 고장이라도 나면 연락할 방법이 없겠다 싶었다.

조슈아 트리 국립공원은 면적이 서울의 다섯 배쯤 된다. 말이 국립공원이지, 사실상 사막이다. 이 사막의 중심부에 있는 가장 높은 봉우리인 '키즈뷰'가 우리의 목적지였다.

가로등도 없는 사막의 좁은 한 줄기 길을 따라 달리고 달렸다. 한 시간 동안 지나가는 차가 한두 대밖에 없었다. 칠흑 같은 어둠 속을 두 줄기 전조등이 헤치고 있었다.

"여긴 길옆에서 흰옷 입은 여자가 머리를 풀고 손을 흔들면 운전사 절반이 심장마비가 올 것 같아. 만약에 대비해 미리 나침반 앱을 깔아야 하지 않을까? 물이 몇 통 있지?"

"세 통 있어요."

"만약을 생각하는 거지. 하긴 물이 없으면 선인장 뜯어 먹으면 되지. 조난당해도 우리 둘이 먹을 걸 놓고 싸우진 말자. 그냥 내가 굶고 너는 꼭 살아서 나가라 이렇게."

미국을 횡단하며 하루 종일 차를 타고 다니다 보면 희떠운 농담만 느는 것 같았다.

마침내 12시쯤 키즈뷰 인근에 도착했다. 여기에 오니 사막에 캠핑하러 온 차들이 좀 보였다.

반팔 입고 보낸 샌디에이고와 달리 사막의 밤 12시 날씨는 너무 추웠다. 차에서 잠시 내렸다가 바람과 추위를 일 분도 견디지 못하고 다시 뛰어 올라왔다. 원래는 사막의 한가운데 앉아 쏟아지는 별을 바라보며 술을 마신다는 낭만적인 계획을 세웠지만 막상 가보니 추워서 밖에 나갈 수가 없었다.

히터를 켜고 뒷좌석을 눕혀 잘 준비를 했다. 준비해 온 안주와 함께 술 한잔 하려고 했는데 문제가 생겼다. 좌석을 눕히고 그 위에 앉으니 천장이 낮아 고개를 들 수가 없는 것이었다. 술을 마시고 안주를 먹으려면 고개를 들어야 하는데 들 수 없으니 몸을 비스듬히 눕혀서 머리를 가로로 뽑아 먹어야 했다. 목을 쳐들지 못하고 술을 마시긴 처음이었다. 안간힘을 써야 목으로 겨우겨우 넘어갔다.

"의성아, 너 평양에서 닭을 어떻게 키우는지 아냐? 베란다에서 키우는데 이게 불법이야. 그래서 생각해낸 묘안이 닭이 고개를 들지 못하게 닭장 높이를 아주 낮게 만드는 거지. 닭이 울려면 머리를 뽑아 들어야 하는데, 고개를 못 들면 소리도 못 내거든. 그런 닭장에서 키우면 남에게 들키지 않고 닭을 키울 수 있는 거야. 밖에서 보면 그냥 평범한 베란다로 보이지만, 실제 많은 평양 베란다들엔 그런 낮은 닭장이 층층이 숨겨져 있어. 지금 고개를 못 들고 술잔을 보니 그 닭들의 신세가 이해가 돼. 울지 못하고 평생 갇혀 알을 낳다가 죽어가는 평양 닭들 말이야."

그런 농담을 하며 겨우 술을 마신 뒤 잠이 들었다.

29일 아침 알람이 울리자마자 우리는 차를 몰고 부리나케 키즈뷰 정상으로 향했다. 사막에서 해가 떠오르는 모습을 보기 위해서였다.

그런데 정상에 오르니 몸이 날아갈 것 같은 공포가 밀려왔다. 그런 강풍은 평생 몇 번 경험해보지 못했다. 게다가 살이 에는 고통이 뭔지도 깨달았다. 사진을 찍으려고 휴대전화를 꺼냈지만 손이 너무 시려 몇 초를 버티기 어려웠다. 사진 한 장 찍고 주머니에 손을 넣어 잠시 녹였다가 다시 꺼내 셔터만 누르고 다시 넣고를 반복한 끝에 해돋이를 성공적으로 찍었다. 그리고 부리나케 차로 돌아왔다.

굿 바이 LA,
헬로 샌프란시스코

해돋이를 본 우리는 다시 몇 시간을 달려 LA 시내로 돌아왔다. 시내로 오니 가볼 만한 곳이 떠오르지 않았다. 우리는 게티 센터에 가기로 했다. 게티 센터는 미국 서부를 대표하는 박물관이다.

나는 미술에 관심이 별로 없고 명화를 보는 눈도 없지만, 지금까지 세계의 유명 박물관은 거의 다 가봤다. 세계 4대 박물관이라고 꼽히는 프랑스 루브르 박물관, 영국 대영박물관, 뉴욕의 메트로폴리탄 박물관, 대만 고궁박물관을 모두 봤다. 루브르 박물관은 시간이 없어 많이 못 봤지만, 메트로폴리탄이 가장 마음에 들었다.

게티 센터는 앞서 말한 박물관들에 비하면 볼만한 것이 많지는 않았다. 우리가 갔을 때는 '누드의 르네상스'라는 제목으로 유명 화가들의 누드 그림이 전시돼 있었다.

잔디밭에서 여유롭게 앉아 있는 미국 사람들을 보니 나도 그 여유를 느끼고 싶었다. 한 10분 멍 때리며 앉아 있었는데, 사막에서 추위에 떨었던 탓인지 그만 쪽잠에 빠졌다. 역시 나는 여유를 느낄 체질이 아닌가 싶었다.

게티 센터를 돌아보고 우리는 차를 반납한 뒤 LA 공항으로 갔다. 샌프란시스코로 가기 위해서였다. 원래는 서부의 태평양 연안을 차를 몰아 올라가고 싶었지만, 쉬지 않고 몰아도 10시간 넘게 걸린다는 말에 포기하고 비행기로 이동하기로 한 것이다.

비행기가 떴다. 발밑에 LA의 야경이 끝없이 펼쳐졌다. "굿바이 LA"라고 중얼거린 뒤 얼마 안 돼 비행기는 샌프란시스코에 착륙했다.

공항 근처 호텔에 짐을 풀고 근처 식당에 나왔는데, 백인, 흑인, 인도계 등 다양한 민족으로 구성된 4명씩의 젊은이 두 팀이 밥을 먹으며 이야기를 나누고 있었다. 짧은 영어로 귀를 기울이니 무슨 개발이 어떻고 프로젝트가 어떻고 하는 이야기를 나누고 있었다. 그렇다. 인종의 멜팅팟, 스타트업의 중심 샌프란시스코에 온 것이 새삼 실감이 되었다.

이번 여행에서 아이크 신을 만난 것은 행운이었다. 샌프란시스코에서 요세미티 투어 전문 여행사 '요셈투어'를 운영하고 있는 그는 유머러스했고 친절했고 아는 것도 많았다.

한국 나이로 50세인 그는 대학생 때 미국에 어학연수를 와서 배낭여행을 하면서 미국을 두루 체험했다. 한국에서 대학을 마치고 미국에 다시 건너와 경영대학원을 다녔다. 이후 한국으로 가서 외국계 회사들과 당시 유행했던 인터넷 회사를 다니다가 2003년에 미국으로 와 실리콘밸리에서 미국 회사를 두 군데 다녔다. 그러다 3년 전 한국인들을 대상으로 하는 여행사를 설립했다.

요세미티 국립공원 투어는 의성이의 아이디어였다. 그는 여행에 앞서 인터넷을 통해 여행사들을 물색하다가 페이스북 친구인 아이크의 요셈투어를 선정해 2박 3일 여행을 예약했다. 나중에 만나서 보니 아이크는 이미 페이스북 등을 통해 나의 글을 많이 읽었고 나를 알고 있었다.

나에겐 10여 년 전에 요세미티 관광을 시도했다가 그만둔 기억이 있다. 버스를 타고 샌프란시스코에 도착했는데, 마침 전날 눈이 와서 길이 통제됐다. 덕분에 예정에 없던 스탠퍼드대를 비롯해 샌프란시스코 시내 투어를 하고 다시 버스를 타고 LA로 돌아갔던 것이다. 물론 아름다운 페블비치는 아직도 머리에 생생하다.

30일 아침, 우리는 아이크가 불러준 주소로 우버를 타고 찾아갔다. 그는 큰 밴 하나를 준비하고 아들과 함께 기다리고 있었다. 처음 본 아이크는 30대 후반이라고 해도 믿을 만큼 젊어 보였고 훤칠한 미남이었는데, LA에서 사진과 저널리즘을 공부하는 20대 대학생 아들이 있어 놀랐다.

이번 투어에 우리와 함께할 일행은 더 있었다. 밴을 타고 샌프란시스코 시내를 돌면서 한 명 또는 두 명씩 일행을 태우고 나니 모두 9명이 됐다. 모두 한국인들이었다.

나와 의성이, 아이크와 LA에서 대학을 다니다가 방학이 되어 돌아온 그의 아들, 2년째 세상을 떠돌며 여행 중이라는 미혼의 여의사, 한국에서 날아온 남성 다이버, 미국에서 구글에 다니는 아가씨와 딸을 만나러 서울에서 온 그녀의 어머니, 회사에 사표 쓰고 기분 전환을 위해 서울에서 온 아가씨였다.

일행이 다 모인 뒤 우리가 탄 밴은 요세미티로 향했다. 4시간쯤 걸리는 거리였다.

샌프란시스코 여행 내내
친절한 동반자가 돼준 아이크와
함께 요세미티 국립공원 안에서
포즈를 취해봤다.

나는 운전석 옆자리에 탔다.

"원래 이 자리는 아가씨가 앉아야 하는데 특별히 내주는 겁니다."

아이크가 너스레를 떨었다. 운전해가면서 설명하다 보면 나이 든 한국 남성은 옆자리에 앉아도 맞장구도 안 치고 가만히 앉아 있어 맥이 빠진다고 한다. 그런데 아가씨를 앉히면 리액션이 좋아 신이 나서 더 이야기하게 된다는 것이다.

아이크도 탈북자를 만나 가이드를 해본 것이 처음이라 북한에 관심이 많았다. 운전석 옆자리에 앉은 덕분에 이때부터는 의성이와 이야기를 거의 못 하고 아이크와 주로 대화를 나누었다.

다른 예약 손님을 태우기 위해 실리콘밸리 쪽을 돌면서 보니 테슬라, 마이크론, 시게이트 등 뉴스에서만 보던 신생 기술 기업들의 건물이 잇따라 창밖을 지나갔다.

밴 안에서 우리는 서로 인사를 나누고 슈퍼에서 미국 과일도 구경하면서 친해졌다. 캘리포니아는 하이테크 산업이 발달했다는 이미지가 있지만 의외로 농업의 비중이 매우 큰 주다. 일조량이 풍부해 포도, 오렌지, 아몬드 생산지로 유명하다. 특히 아몬드는 전 세계 생산량의 80%가 이곳에서 나온다.

이곳에서 아몬드 나무를 처음 봤다. 땅콩처럼 땅속에서 자라는 줄 알았는데, 복숭아 같은 과일 속에 있는 씨가 아몬드라고 한다. 과일에서 씨만 빼고 과육은 떫고 맛이 없어 버리거나 비료로 만든다고 한다. 키 낮은 아몬드 나무 밭이 끝이 없이 펼쳐진 가운데 스프링클러가 쉼 없이 물을 내뿜고 있었다.

미국 살면
뭐가 좋아요?

요세미티로 올라가면서 나는 아이크에게 "미국에 살면서 좋은 점이라고 생각되는 것이 무엇입니까?" 하고 물었다. 나와 오스틴, 의성이가 LA에서 샌디에이고로 오며 이야기 나눴던 그 주제였다. 아이크는 20년 넘게 미국에서 살았으니 우리가 생각하지 못했던 답을 해줄 것 같았다.

"제가 그런 질문을 많이 받아요. 저는 남의 시선을 의식하지 않아도 된다는 것을 첫 번째로 꼽고 싶어요. 한국 사회에선 아파트, 차 이런 것을 끊임없이 비교하며 타인의 시선을 신경 쓰면서 살잖아요. 내가 체면이 있는데 이 정도 해야지 하는 것도 신경 쓰이죠. 그런데 미국은 내가 여행사를 하나, 노가다를 하나 그런 것 가지고 기가 죽을 필요가 없어요.

두 번째는, 한국 사회를 보면 되게 갈등이 심하잖아요. 있는 사람 없는 사람, 보수와 진보, 고용주와 노동자 이런 식으로 갈라져 대립이 심해요. 서로 입장을 이해하면 갈등이 많이 줄어들겠는데 한국 사회는 단일 민족이라 그런지 생각이 같아야 한다고 저도 모르게 생각하나 봐요.

한국 사람들은 '우리나라'라고 합니다. 그러나 미국 사람들은 '나의 나라'라고 하죠. 미국은 우리라는 개념보다 개인이 강하고, 그 대신 개인을 존중해줘요. 특히 샌프란시스코엔 다양한 인종이 모여 살고 문화적 배경도 매우 다양해요. 그래서 그런지 여긴 다름에 대해 인정하는, 즉 굉장히 관용적인 사회예요. 동성 결혼을 시청에서 제일 먼저 시켜준 곳이 바로 샌프란시스코 아닙니까. 여기서 많이 쓰는 표현이 '아이 언더스탠' 즉 '알겠다'는 건데, '어그리'는 아니지만 너의 생각을 인정한다는 뜻이거든요.

세 번째는 땅이 넓어서 좋아요. 한국은 너무나 좁은 사회이니 가만 있어도 경쟁이 되고, 지하철도 빨리 뛰어가서 먼저 타야 할 듯싶고 그런데, 미국은 자연환경이 넓고 서로 떨어져 있으니까 경쟁이 치열하지 않고 스트레스를 덜 받게 됩니다. 마음의 여유가 있는 거죠. 쥐들도 좁은 데 가두면 스트레스를 받고 서로 물어뜯고 한다잖아요."

역시 미국에서 오래 살아본 사람이 보는 시각은 우리와 달랐다.

길에 차가 많았다. 아이크는 경기가 좋으면 차가 많고, 경기가 죽으면 차가 적은데, 요즘처럼 이렇게 막힌 때가 흔치 않다고 한다. 트럼프 집권 이후 경기가 많이 좋아졌다는 것이 도로에 나서면 느껴진다는 것이다.

"미국에서 살면서 느낀 단점은 무엇입니까?"

이번에는 아이크가 선뜻 대답을 못 한다.

"치안이 나쁘다고 생각하는 사람이 많은데, 제가 사는 동네는 10년 동안 문 안 걸고 자도 아무 일이 없었어요. 물론 동네에 따라 달라져요. 부자 지역일수록 안전하죠. 또 샌프란시스코는 뉴욕이나 LA에 비해 상당히 안전한 지역이라 할 수 있습니다. 경찰을 보기 힘들어요.

한국에는 일가친척, 지인, 동창이 있기 때문에 서로 도움도 받을 수 있고 한데 여긴 그런 것이 부족한 것 같아요. 즉 공동체 의식이 크지 않은 게 단점이라면 단점이라고 할 수 있죠. 여기에 홈리스가 많은 이유가 물론 미국이 사회보장제도가 잘 안 돼 있기 때문이기도 하지만, 가만 보면 어려울 때 서로 도와주고 하는 점이 부족한 탓 아닐까 싶어요.

한국은 어려워지면 부모 집에 얹혀살기도 하고, 자식 집에 가기도 하고, 친척 도움을 받기도 하는데 여긴 순전히 개인이란 말이죠. 아이들이 대학에 가면 부모와 헤어지고 딴 데 가서 살고 그러다 보면 어려울 때 손 벌리기 어려운 구조인 거죠.

아까 말한 남의 일에 신경을 안 쓰는 것이 장점이 되기도 하지만 때론 단점이 되기도 해요. 동전의 양면과 같은 거죠.

인종차별을 얘기하는 분들이 많긴 하지만 이쪽 지역은 거의 없다고 봐도 됩니다. 미국에서 보면 한국이 상당히 인종차별적이에요. 동남아나 중국 조선족들에게 하는 거 보면요."

"저야말로 탈북자로 한국 사회에서 마이너리티인데, 그걸 얘기하면 많은 한국 사람들은 '우리가 언제 차별했냐'고 반응합니다. 그런데 그런 사람들이 미국에 오면 자신이 차별받는다고 반응하죠. 메이저리티의 생각과 마이너리티의 생각은 그렇게 차이가 나는 것 같아요. 주류들은 잘 몰라요."

"서로 다른 입장을 경험하면 이해하기 쉬운데 그게 쉽지 않아요. 저도 전주에서 태어나 자랐는데 어렸을 때 포항 친척 집에 갔다가 처음 지역 차별을 느꼈습니다. 평소처럼 전라도 기업에서 만드는 미원을 집어 들었는데, 점원이 왜 전라도 물건을 사느냐고 핀잔을 주더군요.

대학 때는 경상도 지역을 여행하다 보니 거기에선 2등급인 무궁

화호가 전라도에선 1등급인 새마을호로 둔갑돼 다니더군요. 전라도 사람들은 낮은 등급의 열차를 비싼 돈 내고 타는 셈인데, 어린 마음에도 어이가 없어 철도청에 전화해서 따진 적도 있어요. 경상도 사람들은 그런 심정을 못 느끼나 봐요."

샌프란시스코는 미국에서 가장 인종차별이 없는 지역에 속한다. 이주민들이 만든 도시라는 독특한 역사적 배경이 바탕에 깔려 있다.

19세기 중반 골드러시가 시작되기 전 샌프란시스코 인구는 800명에 불과했다. 그런데 금광이 개발되자 동부에서 사람들이 이주해 오기 시작했는데, 한편으로 유럽, 남미, 아시아 등에서도 사람들이 몰려들어 도시를 형성한 것이다.

그런데 금을 캐는 고된 일인지라 남자들만 몰려와서 서부에서 가장 귀한 것이 여성이 돼버렸다. 남녀 성비가 10 대 1이 되기도 했다. 개발이 되지 못한 상태에 무법천지이기까지 했다. 원주민들까지 수시로 습격하는 이 지역에 여성들이 오길 기피하면서 남성들이 장가를 가지 못하게 됐다. 금은 많은데 금보다 여성이 더 귀하게 되니 이주자들은 어떻게 하면 여성들도 이곳에 오게 할 것인가를 고민하기 시작했다.

그들이 찾은 결론은 재산을 나눠준다는 것이었다. 당시 미국은 여성의 재산 소유권이 인정되지 않았다. 하지만 서부에서는 여성을 끌어들이기 위해 부부 공동 재산권이란 제도를 제일 먼저 도입했다. 결혼을 하면 재산의 절반이 여성의 몫으로 자동적으로 주어진 것이다.

여성들이 몰려오기 시작했다. 금을 캐서 부자가 된 남자를 잡으면 반은 자기 몫이 되니, 여성들은 금을 캐러 오는 것이 아니라 금을 캔 남자를 캐러 온 것이다. 돈을 보고 결혼하는 여성을 의미하는 '골드 디거'란 말이 이때 생겨났다.

초기에 왔던 한 여성은 3년 만에 남편이 죽어버려 엄청난 재산을 상속받았다. 남편이 죽자 남성 36명이 청혼을 해왔다. 여성은 당시에 공무원이라 할 수 있는 남성을 선택했고, 재혼한 남성의 성을 딴 이름의 주막이 1849년에 생겨나 아직까지 길옆에 남아 있었다.

2019년 서부에서는 역사상 가장 비싼 이혼이 탄생했다. 시애틀에 본사가 있는 아마존의 창업자 제프 베조스는 부인 매킨지와 이혼하면서 356억 달러를 주었고, 매킨지는 단숨에 세계 4위의 부호가 됐다.

수억 년이 빚어낸
장엄함

차가 샌프란시스코 외곽 도시들을 벗어나 평원 지대로 넘어가기 전 고갯길을 쳐다보니 풍력 발전기가 수없이 늘어서 있었다. 와인 생산지로 유명한 북쪽의 나파밸리까지 수백 킬로미터 구간에 5,000개가 넘는 풍력 발전기가 있다고 한다. 캘리포니아 전체에는 1만 3,650개의 풍력 발전기가 있다고 한다.

캘리포니아는 친환경 에너지 생산이 미국에서도 앞선 지역이다. 2018년 기준 전력의 45% 정도가 친환경 발전소에서 발전되는데, 이 중 태양광 19%, 수력 12.3%, 지열 5.7% 정도라고 한다. 화력 발전은 50% 정도 차지하는데, 천연가스를 써서 환경 오염이 석탄보다 적다. 원자력 발전소가 하나 있긴 한데 장기적으로 없애기로 결정이 난 상태다.

"오면서 보니 시카고에서 휘발유가 갤런당 1.879달러였는데 캘리포니아에 들어서자마자 4.79달러더군요. 같은 나라인데 왜 이렇게 격차가 심한 거죠?"

"캘리포니아가 미국에서 기름값이 제일 비쌉니다. 환경세가 높은 이유도 있지만 차량 매연 기준이 제일 엄격하기 때문에 그 기준을 맞추려면 휘발유 정제를 많이 해야 해서 비용이 높아지죠."

차창 밖에 포도, 오렌지, 아몬드 경작지가 끝이 보이지 않을 정도로 무연하게 펼쳐졌다. 만약 캘리포니아가 독립하게 된다면 세계 5위의 강대국이 된다고 한다. 넓이는 한국의 5배, 인구는 3,800만 정도에 불과하지만 엄청난 경제력을 갖고 있는 것이다.

한참을 달리며 옆을 보니 푸른 하늘 아래 초원이 펼쳐진 구릉들이 지나갔다. 하늘과 구름은 내가 윈도 화면을 켤 때마다 바탕화면에서 보던 그대로였다.

"미국은 정말 자연이 너무 아름다워요. 그래도 저는 미국보다 서울이 좋습니다. 예전에 미국 시민권을 받을 기회가 여러 번 있었는데 미국에 와보니 저에겐 맞지 않더군요. 7시만 되면 식당들이 다 문을 닫아 놀랐습니다. 서울처럼 사람들과 밤 12시까지 술 마시다 집에 가는 생활이 좋습니다. 술 한번 마시자 하면 차 몰고 올 필요도 없고 택시 타고 바로 왔다 가면 되니 편리하죠. 번개로 의외의 조합이 순식간에 만들어졌다 없어졌다 하기도 하고요. 다만 여유가 필요할 땐 미국에 와서 보내면 나쁘진 않을 것 같습니다."

내 말에 아이크도 한국에 가면 숙소 근처에 24시간 추어탕집이 있는데, 술을 마시고 새벽 1시 지나 들어오다 먹는 해장이 정말 좋았다고 말했다.

이런저런 이야기를 나누다 보니 어느새 요세미티 국립공원 숲속에 위치한 아이크의 숙소에 도착했다. 2층 목조건물로 10명이 지내기엔 비좁지 않은 공간이었다.

한인들을 대상으로 하는 다른 요세미티 가이드들이 있지만, 아이크는 국립공원 근처에 별장 같은 숙소가 있어 경쟁력이 있어 보였다. 숲속에 있으니 아침이면 사슴 무리가 마당을 여유롭게 산책하는 모습도 볼 수 있다고 했다.

숙소에 짐을 내려놓고 우리는 요세미티 국립공원의 상징인 하프돔을 향해 길을 떠났다. 도로 옆에 불에 탄 채로 죽은 나무들이 많이 보였다. 4개월 전 캘리포니아 역사상 가장 파괴적인 산불이 요세미티 국립공원까지 휩쓸었던 흔적이다.

숙소에서 한 시간 정도 달리니 드디어 하프돔이 보였다. 하프돔은

유명 스포츠 브랜드인
노스페이스 로고의 원형이라는
바로 그 바위, 하프돔이다.

8,700만 년 전에 생긴 높이 2,695미터의 화강암 바위산이다. 유명 스포츠 브랜드인 노스페이스 로고의 원형이라는 바로 그 바위다. 하프돔 옆에 2,299미터의 노스돔이 있다.

산골짜기를 내려가는 도중 미국에 와서 처음으로 터널을 지났다. 다시 한 시간 정도 달려 마침내 계곡에 이르니 739미터 높이의 폭포도 보이고 높이 1,100미터의 화강암 절벽 엘 캐피탄도 마주할 수 있었다. 엘 캐피탄은 암벽 등반가들 사이에서 최고 난도의 절벽으로 통한다.

하지만 이 세상에는 말로 설명할 수 없는 괴물들이 많다. 2017년 알렉스 호놀드라는 미국 청년이 자일과 보호 장비 없이 3시간 56분 만에 절벽을 오르기도 했고, 2019년에는 10세 소녀가 재미로 이 절벽을 올랐다는 뉴스가 나오기도 했다.

나만 그런지는 몰라도 거대한 자연 앞에선 눈이 달라져 크기에 대한 기준과 개념이 사라지는 것 같다. 그랜드캐니언에 갔을 때도 장엄함을 느끼지 못했는데, 요세미티 계곡에서도 마찬가지였다. 엘 캐피탄 절벽만 봐도 높이가 서울 롯데월드타워의 2배에 이르고 너비는 20배쯤 되지만, 아무리 쳐다봐도 이게 롯데월드타워보다 2배 높다는 것이 도저히 믿기지 않았다. 739미터의 폭포를 봐도 이게 수락산보다 더 높다는 것을 인정할 수 없었다.

그럼에도 내가 지구 수억 년의 역사가 빚어낸 장엄함과 마주하고 있다는 사실만큼은 온몸으로 느껴졌다. 우리는 요세미티 계곡의 한 식당에서 저녁을 먹고 오던 중 9시쯤 숲속에 들어가 하늘의 별을 봤다. 무수한 별이 머리 위로 쏟아지고 있었다. 그때 나는 고향의 밤하늘을 떠올렸다. 내가 기억하는 어릴 적 고향의 별무리는 요세미티의 별무리보다 훨씬 더 대단했다. 요세미티의 별들도 최고의 추억을 밀어낼 수는 없었다.

김정은의 신년사

다음 날인 31일에는 요세미티의 자이언트 세쿼이아 군락지를 찾아 나섰다. 자이언트 세쿼이아는 거대한 나무를 말하는데, 보통 100미터 높이에 직경은 5~7미터에 이른다. 직경 9미터에 둘레가 28미터가 되는 나무도 있다고 한다.

나무의 최장 수명은 3,500년인데, 요세미티의 나무들은 평균 1,500년을 살았다고 한다. 3,500년 전이면 모세가 홍해를 가르고 건넜다는 시절이다. 그 긴 시절 얼마나 많은 시련들을 이겨냈으랴.

나무들마다 불에 탄 흔적이 역력했는데, 수십 번의 산불을 견뎌낸 것이다. 자이언트 세쿼이아는 껍질이 60센티미터 정도로 두꺼워 웬만한 산불에는 타지 않는다고 한다. 그러니 그렇게 오래 살 수 있는 것이리라.

그러나 산불보다 더 무서운 것은 인간들이었다. 19세기 말 이곳을

요세미티의 자이언트 세쿼이아 군락지 안에 있는, 19세기 채벌된 나무 밑둥치. 나무들이 어찌나 큰지, 그 위에 스무 명이 올라가 손을 맞잡아도 남을 듯했다.

발견한 사람들은 나무를 무차별적으로 찍어서 싣고 갔다. 그때 기술력으로 어떻게 이렇게 큰 나무를 베어 날랐는지 도무지 상상이 되지 않지만, 어쨌든 현장에서 어마어마하게 큰 잘린 밑둥치의 흔적을 보았다. 20명이 손을 잡고 둘러서도 모자랄 크기였다.

난 자이언트 세쿼이아의 사진을 북에서 보았다. 《세계지리백과전서》에 실려 있었는데, 밑둥치에 차가 지나도록 구멍을 뚫어놓은 나무 사진을 보며 '세상엔 참 대단한 것이 많구나'라는 생각을 품었다.

오랫동안 기억으로 저장해두었던 나무를 실제로 보며 거대한 숲 속을 거닐게 되니 감개무량했다. 바닥에 떨어진 솔방울이 팔뚝만큼 컸다. 20세기에 북에서 태어나 이런 장관을 볼 수 있었던 행운아가 과연 몇 명이나 될까 싶은 생각도 들었다.

돌아오는 길에 휴대전화의 알림이 엄청 울려댔다. 서울은 새해 아침인 것이다.

언덕에 올라 요세미티 산 위로 장엄하게 지는 2018년의 마지막 태양을 바라보았다.

"아듀, 2018년!"

숙소로 돌아와 내가 한 첫 일은 김정은의 2019년 신년사를 인터넷으로 찾아보는 것이었다. 격주로 〈동아일보〉에 쓰는 칼럼이 나가는 날짜가 한국 시간으로 2일이었다. 그러니 미국 시간 31일, 한국 시간 1일에는 출고해야 했다. 하지만 미리 칼럼을 쓰지 않은 것은 2일 자 칼럼이라 김정은이 어떤 신년사를 내놓는지 보고 써야 했기 때문이다. 아래에서는 일행들이 와인과 스테이크로 2018년 송년회를 벌이고 있었다.

마음이 급해졌다. 칼럼을 단숨에 써서 회사로 보냈다. 미국 여행 내내 노트북을 갖고 이동했는데, 실제로 사용한 것은 이때 한 번뿐이었다. 그것이 2019년 1월 2일 자 〈동아일보〉에 실린 "주성하 기자의 서울과 평양 사이" 제호의 칼럼 "말보다 연출로 보여준 김정은의 신년사"다. 칼럼과 함께 그 주에 해야 할 대북방송까지 휴대전화로 녹음해 전송하고 내려오니 두 시간쯤 걸렸다.

아래로 내려오니 무엇을 써서 보냈느냐고 묻는다.

"김정은 신년사를 주제로 해서 썼어요. 아마 한국에서 저만큼 북한 신년사 많이 공부한 사람 거의 없을 겁니다. 35년을 봤어요. 북에서 대학 다닐 때는 달달 외웠죠. 그래서 북한 신년사를 보면 진짜 말하자는 것이 무엇인지 딱 보이죠."

"올해는 김정은이 무슨 얘기를 하던가요?"

"제가 북한 신년사를 지금껏 보면서 내린 결론은 다 헛소리라는 겁니다. 신년사에서 계획한 대로 굴러간 해가 거의 없어요. 하긴 저도 올해 초에 열 가지 결심을 했는데, 연말에 돌아보니 제가 가장 힘을 쏟아 한 일들은 새해에 예상하지 못했던 것들이었어요. 가령 이번 설날에는 매년 책을 썼으니 올해는 쓰지 말자고 했는데 계획에도 없던 걸 무려 3권이나 냈어요. 1년 앞을 내다보지 못하긴 나나 김정은이나 마찬가지인 것 같아요."

일행이 모두 웃었다. 뒤늦게 내려와 일행과 즐거운 담소를 나누며 2018년 마지막 밤을 보냈다. 어제 만난 인연들인데 꽤 깊은 이야기를 나눴다.

돌아오는 길에 본
2018년의 마지막 해와 석양.
이때 한국은 2019년 1월 1일 아침이었다.

북한은 앞으로
어떻게 해야 할까?

1월 1일 아침이 왔다. 창밖을 내다보니 노루 몇 마리가 풀을 뜯으며 마당을 지나가고 있었다. 저들은 설날이 무슨 날인지 알까?

이날 일정은 오전에 요세미티 계곡에 가서 산책을 한 번 더 한 뒤 오후에 샌프란시스코 시내로 돌아가 헤어지는 것이었다. 계곡으로 차를 달리는 1시간 남짓의 시간, 나는 아이크와 북한의 미래에 대해 이야기를 나누었다. 우리가 열심히 이야기를 나누자 뒤에 앉은 일행이 무슨 이야기를 진지하게 하느냐며 함께 듣자고 요청했다.

아이크가 밴의 마이크를 켰다. 순식간에 밴은 북한의 미래에 대한 강의실이 됐다. 아이크가 우리가 나눈 이야기를 요약해서 설명했다.

"어떤 이야기를 했냐면, 북한이 문을 열고 나오게 된다면 가장 중점을 둬야 할 것이 산업 개발이잖아요. 경제적인 성장을 이뤄야 하는데, 북한은 구매력이 떨어지고 인구도 적기 때문에 내수로 크기엔 한계가 있어요.

그럼 어차피 한국처럼 수출 주도의 경제로 나갈 수밖에 없어요. 그런데 광물과 같은 자원을 그냥 내다 팔면 큰 이익이 없어요. 뭔가 고부가가치 산업을 해야 원가는 10원 들였는데 판매는 100원에 할 수 있고, 심지어 1,000원에도 할 수 있어요.

고부가가치 산업을 키우려면 경영 인력을 키워야 하는데, 처음부터 글로벌 스탠더드를 적용해서 조직을 짜고, 영업, 마케팅, 재무, 회

아침에 숙소 앞에서 만난 노루. 내가 보기엔 노루인데 아이크는 사슴이라고 했다.

계, 인사 이런 것을 세계의 기준에 맞추어 미국 증시에 상장을 할 수 있게 만드는 게 중요하다고 생각해요.

그러자면 인력을 키워야 하는데, 한국 대학에서 가르치는 것처럼 하면 안 된다는 거예요. 글로벌한 실무 경력이 20~30년씩 된 은퇴한 분들을 북한이 초빙해 경영 인력을 키워야 한다는 이야기를 했어요. 북한에서 글로벌 시장에 적응한 인재를 키우지 못하면 결국 남은 길은 싼값에 자원을 넘기는 것밖에 없어요. 그래서 교육이 선행돼야 한다는 말을 했어요."

내가 말을 이어받았다.

"아주 중요한 포인트를 말씀해주셨어요. 2004년에 개성공단 설치

할 때 초기 월급이 57달러였어요. 그때 우리가 북한에 제안했죠. 함께 경영을 하자면 자본주의 회계를 배워야 한다고 말입니다. 그랬더니 북한에서 '우리가 그따위 썩어빠진 자본주의를 왜 배웁니까?'라고 했어요.

그런데 북한이 아무리 기다려도 개성 기업들에서 이윤이 안 나오는 겁니다. 분명 57달러 주고 생산한 제품이 한국에서 월급 200만 원 주고 생산한 제품과 똑같이 백화점에서 판매되는데 개성공단 기업은 늘 적자인 것이죠. 회계장부를 볼 줄 모르니 어떻게 조작되는지 모르는 겁니다.

북한이 7년 만에 알았어요. 원가를 조절하면 개성공단 기업은 늘 적자로 만들 수 있다는 것을 말이죠. 그때에야 북한은 열 받아서 해외에 인력을 대거 파견해 회계를 배워 오게 했어요. 회계 하나 눈치채는 데 7년 걸린 것이 북한인데, 영업, 마케팅, 인사 이런 것은 아예 개념조차 없어요. 이걸 배워야 북한에 미래가 있는 겁니다.

김정은이 이게 중요하다고 생각하고 받아들이게 만드는 것이 중요합니다. 평양과기대에서 기술 인력을 키워내는데 글로벌 마인드의 무역 일꾼들을 키워내는 경제개발대학 같은 학교도 만들어야 해요."

그다음은 나와 아이크가 엇바꾸어 이야기했다.

"코카콜라하고 월마트 콜라하고 내용물은 차이가 없어요. 그런데 월마트 콜라는 한 박스에 25센트인데, 코카콜라는 박스로 사도 50~75센트예요. 그 차이가 마케팅이에요. 마케팅 없이 그냥 파는 것은 최대한 피해야 해요."

"자원과 인재의 합리적 개발이 매우 중요한 문제죠. 그러자면 미국과 북한을 잇는 연결고리가 필요해요. 김정은이 학교를 만들고 싶어도 정치적 이유 때문에 한국 사람보다는 미국 사람을 교육자로 받기 더 쉬울 겁니다.

그런데 미국에서 어떻게 수십 년 경력을 쌓고 은퇴한 사람들을 모집하겠습니까? 그러자면 미국에 북한을 지원하는 단체 같은 것이 있어야 이들이 북한의 의중을 확인하고 사람을 모집해 보내주는 겁니다. 그런 플랫폼이 반드시 필요해요."

"미국에서 가도 한국어를 하는 사람이 필요해요. 영어로 하고 통역하고 하면 교육의 효율성이 확 떨어지니, 여기 한인들을 모집하는 것이 중요하죠. 김정은이 그런 마음을 먹으면 제가 미국에서 그런 일을 하고 싶어요. 저도 여기에서 오래 일해 인맥이 좀 있죠."

"저도 김정은을 보면 저걸 왜 저렇게밖에 못 할까, 답답하다 하는 생각 계속 들거든요."

"경공업 위주로 갈 것인지, 중화학 위주로 갈 것인지 이런 것은 베트남이나 싱가포르와 같은 많은 나라들을 연구하며 배워야 하거든요. 장기적인 산업 개발 로드맵도 만들어야 하죠."

"제가 《조선 레벌루션》이라는 책을 썼어요. 거기에 10년을 가정하고 북한이 어떻게 가야 할지 로드맵을 썼어요. 정치 체제 개편 등 김정은이 없어야 가능한 내용도 꽤 있지만, 많은 내용은 지금의 김정은 체제에서도 할 수 있는 것들이에요.

그래서 제가 그 책의 서문에 이 책은 누구보다 김정은이 먼저 읽으면 좋겠다고 썼죠. 현재는 저렴한 노동력밖에 없지만 그 책에 북한의 경쟁력을 쭉 나열했어요. 가령 바이오산업 같은 것은 북한이 상당히 발전시킬 수 있는 장점을 갖고 있어요. 왜냐면 한국이나 미국은 규제가 심하고 개인 정보에 민감하지만, 북한은 김정은이 '이제부터 다 등록해' 하면 순간에 2,000만 명의 생체 정보가 등록되는 거죠. 그 정도 데이터면 세계의 모든 바이오회사들이 군침을 삼킬 수밖에 없어요. 윤리적 문제가 제기되겠지만, 후발 주자이기 때문에 이런 것은 감수해야 해요.

유발 하라리가 자율주행차가 제일 발달될 나라가 북한이란 말을 했어요. 그럴 수밖에 없는 것이 북한이 자율주행차 도로를 만들고 이제부터 이 도로에는 자율주행차밖에 못 다닌다고 지시를 내리면 누구도 거기에 못 들어가죠. 독재라서 가능한 부분들이 있는 거죠. 세계를 선도는 못 해도 아마존 같은 거대 기업들의 하청을 받아 싸게 생산하는 것도 가능하죠."

이야기는 점점 확산됐다. 북한이 새로 도로를 만든다면 자율주행차 시대를 염두에 두고 내야 하고, 철도는 하이퍼루프 시대를 염두에 둬야 하며, 건설은 3D 프린터 시대를 염두에 두어야 한다는 상상의 나래가 따사로운 햇볕이 가득 찬 요세미티 계곡을 달리는 작은 밴에서 열정적으로 오갔다.

한국은 대학만 나오면 평생직장을 얻어 사는 시대지만 앞으로 기술 혁신의 속도가 빨라지니 주기적으로 몇 달씩 재교육을 해서 기술의 속도를 따라가야만 하는 시대가 온다, 그러니 교육 제도는 한국을 따라가지 말고 에스토니아 등의 경험을 받아들여 4차 산업 인재 양성에 역점을 두어야 한다는 등의 이야기도 오갔다.

"올해 한국 수능에 나온 영어를 영국 교사들이 못 풀었다는 기사를 봤어요. 한국은 시간을 그렇게 낭비하고 있어요. 10년 뒤에 이어폰을 끼면 자동 통역이 되는 세상이 올 건데, 한국은 아직도 영어를 배우겠다고 10년 넘게 소모적인 교육을 하는 것을 보면 안타깝습니다"라고 할 때는 일행들이 이구동성으로 "10년이 아니라 지금 자동 통역이 되고 있어요"라고 받았다.

차가 목적지에 도착했다. 나는 이런 말로 대화를 끝냈다.

"야, 김정은 한번 만나야 하는데. 강의를 한 다섯 시간 해줘야 하는데, 문제는 지금까지 제가 김정은을 너무 비판해서 보면 죽이려 할 거란 말이죠, 하하."

죽을 때까지 잊히지 않을 경치

차에서 내린 우리는 요세미티 하프돔 아래를 지나 왕복 약 4킬로미터를 다녀왔다.

요세미티에서는
찍는 것이 그대로
작품이 된다.

이 코스는 사진을 위한 산책이라고 할 수 있다. 정말 휴대전화 카메라를 들이대는 곳마다 한 폭의 작품이 나왔다. 파란 물속에 파란 하늘과 함께 담긴 하프돔의 그림자는 그야말로 탄성이 절로 나오게 만드는 풍경이었다.

몇 시간 동안 우리는 정신없이 셔터를 누르며 시간을 보냈다. 죽을 때까지 잊히지 않을 만큼 황홀한 경치였다. 그러나 환상의 자연 속에 언제까지 빠져 있을 수는 없는 법. 몇 시간 뒤 밴은 다시 출발했다. 샌프란시스코를 향해, 작별의 시간을 향해 바람을 가르며 달렸다.

4시간 가까이 일행은 도로 위에서 각자 자기가 걸어온 인생을 털어놓았다. 왜 미국으로 오게 됐는지, 우리가 어떻게 해서 요세미티에서 만나게 됐는지로 시작된 이야기는 길게 이어졌다. 물론 침울한 이야기가 아니라 웃음바다가 터져 나오는 대화였다.

아이크의 말이 인상적이었다.

"3년 동안 가이드를 하면서 아들 부부가 시부모와 함께 여행 온 사례는 단 한 번도 못 봤어요. 딸이 남편과 함께 친정 부모를 모시고 온 사례는 많고요. 딸과 엄마와 함께 여행 온 사례는 너무 많아 셀 수가 없어요. 여행업에 종사하다 보면 이제 한국은 여성의 의견이 더욱 존중되는 사회가 됐다는 것을 느끼게 돼요."

이런저런 이야기를 즐겁게 나누며 어두컴컴한 시각 시내에 도착한 우리는 서로 작별의 인사를 나누고 헤어졌다.

그날 저녁은 의성의 안내를 따라 오랫동안 탈북민을 위해 노력해 온 한인 작가의 집으로 갔다. 고등학교 때인 1961년에 미국에 건너와 석유 분야에서 일하다 은퇴한 뒤 이제는 번역 작가로 지내고 계신다. 돈 되는 책보다 자신이 가치 있다고 생각하는 책을 영어로 번역해 미국에 소개한다. 고령에도 여전히 북한에 관심을 가지고 계셨고, 샌프란시스코로 공부하러 온 탈북 대학생들을 돌보고 계셨다. 미국인 사모님도 영어 문학 선생으로 은퇴했는데, 탈북 대학생들에게 영어를 가르쳐주는 데 관심이 많았다. 의성이가 한국에 온 지 4년 남짓한 기간 동안 미국에까지 이렇게 인맥을 쌓았다는 것이 놀라웠다.

밤늦게 들어간 터라 긴 이야기는 나누지 못했다. 대신 그분이 병에 97년이라고 손수 적어 보관하던 직접 담근 인삼 술을 의성이를 위해 내놓았던 것은 잊을 수 없다. 무려 22년을 간직한 술이었던 것이다.

다음 날인 2일은 미국에서의 마지막 날이었다. 아이크는 2박 3일 동안 우리를 위해 많은 수고를 했음에도 이날은 나와 의성이를 위해 샌프란시스코 관광을 시켜주겠다며 가이드로 나섰다.

"주 기자님이 쓴 글을 보면서 북한에 대해 많이 배웠어요. 세상을 떠날 때 이 땅에 재산을 남기지 않고 가겠다는 자신과의 약속이 참 인상적이었죠. 오늘은 제가 좋은 글을 읽은 값을 내는 겁니다."

오전에는 케이블카가 다니는 언덕, 금문교 등 그가 안내해주는 코스를 돌고 오후에는 애플과 구글 본사로 가보는 일정을 짰다. 요세미티 여행을 같이 했던 구글 직원 아가씨가 자기네 본사를 구경시켜주겠다고 했기 때문이다.

샌프란시스코 관광은 전에 한 번 했기 때문에 다시 한번 본다는 의미 정도였지만, 그래도 멀리 태평양이 바라보이는 항구 도시의 경치는 언제 다시 봐도 나쁘지 않았다.

의성이가 차 안에서 가방을 뒤적이는 것을 보던 아이크가 핑크색 티셔츠를 두고 이런 말을 했다.

"핑크색에, 심지어 가슴에 무지개가 그려진 그런 셔츠는 여기서 동성애의 상징입니다. 그거 입고 다니면 '애인 구합니다'라는 뜻으로 받아들여질지도 몰라요."

우리는 폭소를 터뜨렸다. 의성이는 나름 마음에 들어 산 것이라는데 그런 의미가 있을 줄은 몰랐던 것이다. 동성애의 도시에서 핑크색 티셔츠를 입고 돌아다니지 않은 것은 다행이었다. 우리가 방금 둘러본 곳 중에는 동성애자들이 모여 산다는 거리도 있었다.

샌프란시스코는 인종차별, 성 선호도 차이에 대한 차별을 없애기 위해 세계적으로 가장 많은 노력을 하는 도시이기도 하다. 미국 전역에서 동성애자들의 합법 결혼을 처음 승인한 도시라 동성애자들이 많이 몰려온다.

"이건 영국 유명 밴드의 브랜드 셔츠인데요."

"영국에는 동성애 지지 밴드가 많아요."

내가 끼어들었다.

"괜찮아. 나도 한국 와서 얼마 안 됐을 때 이마트에서 보름 정도 아르바이트를 했는데, 그때 받은 노란 바탕에 까만 줄이 간 직원 셔츠가 좋아 보였어. 옷 몇 벌 없을 때라 한동안 손님 만날 때도 그걸 잘 입고 다녔어. 나중에 어떤 사람이 그거 이마트 유니폼이니 입고 다니지 말라고 하더라고. 그 말 듣고도 별로 부끄럽지 않았어. 지금 떠올리면 너무 웃긴 일이지만."

애플과 구글, 디자인 감성과 공대 감성

보통의 관광객처럼 주요 포인트를 돌면서 시내를 구경한 우리는 오후에 애플 본사로 갔다. 아는 사람이 없어 관광객이 접근할 수 있는 기념품 숍 정도까지만 들어갔다. 구글은 아가씨의 안내를 받아 외부인이 다닐 수 없는 곳까지 이곳저곳 다녔다.

일단 눈으로 느낀 점은 애플은 구내 모든 청사에 애플 감성을 입혔다는 것이다. 기념품 숍 건물도 모서리가 둥글었고, 문 통유리도 네 귀퉁이가 둥글게 다듬어져 있었다. 심지어 커피숍의 탁자와 의자, 구내 공원에 있는 돌 하나, 보도 대리석까지도 모서리를 둥글둥글 깎았다.

반면 구글에 가니 이곳은 정사각형 세상이었다. 곳곳에서 큐브 모양의 알록달록 사각형 퍼즐 박스를 볼 수 있었다. 공동 휴게실 의자도 네모난 박스 모양이었다.

구글과 애플의 분위기 차이. 구글에는 네모난 게 많고 애플에는 둥그런 게 많았다.

이를 두고 구글 아가씨는 "애플은 디자인 감성, 구글은 공대 감성"이라고 정의했다.

아이크는 실리콘밸리에서 11년 동안 직장 생활을 하면서 느꼈던, 구글과 애플의 조직 문화 차이를 설명했다.

"애플에서 일하다가 자살한 사람이 많아요. 애플은 쥐어짜고, 구글은 자율성을 주면서 느슨하고 창의적으로 일하되 결과는 확실히 따집니다."

"어쩌면 그게 가장 비정하고 자본주의적인 것 같은데요."

"그렇지만 그게 가장 공평한 거예요. 열심히 하면 더 올라가고, 그러지 못하면 도태되고요. 그래야 조직이 능동적으로 잘 돌아가는 거죠. 한국처럼 연차별로 올라가고 묻어가고 이런 것이 없어요."

구글에서 인상적이었던 것은 구글어스를 시행하는 커다란 스크린이었다. 스크린을 확대해보니 김정은의 집무실이 너무나 또렷하게 보였다. 사람이 쉽게 구분되는 해상도로. 우리가 컴퓨터에서 실행하는 구글어스와는 다른 버전이 아닐까 싶었다.

미국에서의 마지막 저녁은 구글 직원 식당에서 먹었다. 직원이 많아 아시안계를 위해 아시안 음식만 파는 식당이 따로 있었다.

구글 아가씨는 사내 복지를 설명하던 중에 이런 이야기도 해주었다.

"얼마 전 한 직원이 구글 주차장에 캠핑카를 주차하고 살다가 해고돼 언론에 나온 적도 있어요. 잠은 캠핑카에서 자고, 세 끼는 구내 식당에서, 샤워 역시 복지 시설에서 해결하며 버틴 거죠."

미국에서의 마지막 오후를 실리콘밸리에서 애플과 구글을 참관하는 것으로 보낸 나와 의성이는 공항으로 향했다. 교환학생으로 온 의성이는 이제 샌프란시스코에 며칠 더 있다가 대학으로 돌아가고, 나만 한국으로 돌아오면 됐다.

공항에서 아이크와 의성이와 작별했다. 인생 최고의 여행을 마무리할 때가 다가왔다.

"기대 이상의 여행이었어. 몇 년 안에 미국 북부도 좋고 동부도 좋고 캐나다도 좋고 앞으로 이런 여행 한 번 더 했으면 좋겠다."

이루어질 수 있는 꿈일지는 알 수 없다.

비행기가 이륙하며 샌프란시스코의 야경이 멀어지는 것에 비례해서 마음은 다시 무거워졌다.

18일간의 낭만은 끝났다. 내가 탄 비행기는 삶의 전쟁터를 향해 어두운 밤하늘을 가르며 서쪽으로 날았다.

제2부

삶이 여행 같아지기를

탈북 5년 열혈 청년

조의성의 감성 여행

1. 북한 청년이 처음 본 미국
2. 아메리카 횡단 시작
3. 살고 싶은 도시
4. 여행이라는 공부

1. 북한 청년이 처음 본 미국

★★★

삶의 밀도

처음으로 미국이라는 나라에 가게 되었을 때, 미국에 대한 나의 느낌은 뭐랄까 반신반의였다. 북한에서 주입받았던 프로파간다의 잔류물과 한국에서 접한 미국의 이미지가 뒤섞여 투쟁을 벌이고 있었다.

그런 미국을 내 눈으로 직접 본다는 것은 이 두 세력에 대한 일종의 심판이 될 것이었다. 만약 내가 북한을 탈출해서 15개월 후에는 미국으로 어학연수를 갈 것을 예측할 수 있었더라면 탈북 시점이 조금은 더 당겨졌을지도 모른다. 그때 그런 확신이 있었더라면 나의 탈북을 필사적으로 반대하던 부모님을 설득하는 데 그렇게 많은 시간을 허비하지는 않았을 것이기 때문이다.

2년여에 걸친 부모님과의 충돌은 감정적 완충기를 거쳐 결국 "성공 같은 건 바라지도 않으니 죽지만 말아다오" 하신 어머니의 승낙 아닌 승낙으로 끝났다. 도전조차 해보지 못한 것에 대한 후회가 도전하다 그르친 실패(설사 그것이 죽음일지라도)보다 삶을 더 피폐하게 만들 것이라는 내 논리에 조금은 동의하셨던 것 같다.

나는 삶에도 밀도가 있다고 생각한다. 물론 인간의 생명 그 자체는 어느 순간이라 할 것 없이 신성하고 소중한 것이다. 그렇다고 할지라도 인생은 분명히 누릴 수 있는 자유의 양과 그 자유를 만끽하는 과정의 사고와 경험의 질, 그것들의 성공적인 결과에서 비롯되는 성취감 등에 따라 결정되는 서로 다른 밀도를 가진 구간들로 나눌 수 있다.

굳이 내 방식대로 정의하자면 삶의 밀도란 단위 시간 동안 향유하는 삶의 질이다. 즉 다음과 같이 수식화할 수 있겠다.

$$\text{LP(삶의 밀도)} = \frac{\text{삶의 질}}{\text{시간}}$$

지금까지의 나의 삶을 크게 세 부분으로 나누어본다. 북한에서의 25년, 남한에서의 몇 년, 그리고 미국에서 지낸 1년 조금 넘는 시간. 내게는 삶의 질을 규정하는 가장 근본적 문제인 자유가 구속받는 곳인 북한에서의 시간이 가장 길었다. 불행하게도 그 시간은 '동굴의 우상'에 빠져 인간의 온전한 이성으로 세상을 보지 못한 가장 암울한 시기였다. 그럼에도 불구하고 자유를 위한 도전, 세상의 진짜 모습을 찾기 위한 영혼의 몸부림은 나의 생에서 커다란 가치를 지니고 있다. 극도의 불안과 공포 속에서 라디오를 탐청하고 남한 TV를 시청하며 동굴 밖의 세상, 진짜 세상을 발견하는 그 신선한 흥분에 몸을 떨던 시간들이 있었기에 지금의 나도 있는 것이리라.

남한에서의 삶은 그 물리적 강도에서 최강이었다. 나의 탈북은 내가 사는 물리적 공간만 바꾼 것이 아니었다. 탈북이라는 타임머신을 타고 시간의 터널을 지나왔더니 내 시계는 저 멀리 30여 년이나 뒤처져 있었다. 북한에서는 꽤 괜찮았던 내 유머 실력은 남한에서 흔히 말하는 '아재 개그'로 번역되기 일쑤였고, 내가 좋아하는 음악은 7080에 머물렀다.

게다가 시간은 또 얼마나 빨리 흐르는가! 수면 시간을 하루 4~5시간으로 급격히 줄이고도 전철에서는 매일 뛰어야 하는 상황. 30년의 세월을 따라잡아야 하는 나의 마음에 달린 조급함의 불꽃이 한국 특유 '빨리빨리'의 격풍에 화염을 내뿜었다. 굳이 광속에 근접하는 우주선을 타고 우주에 다녀오지 않고도 시간의 상대성을 느껴보는 경이로운 체험이었다.

그 과정에서 하루하루 성장하는 내 모습도 보였다. 어제의 생각이 한없이 어리석어 보이는 오늘을 마무리하면서 내일은 오늘의 생각을 비웃게 되길 기대했다. 한국에서 1년을 보내고 돌아보는 나의 한 해는 마치 일생을 돌아보는 노인의 감회처럼 느껴지기도 했다.

그러고 나서 모 기관의 장학생으로 LA에 어학연수를 가게 된 것은 내게 주어진 또 다른 행운이었다. 연수를 간 지 한 달하고 보름쯤 지나자 그제야 비로소 미국의 자연이 보였다. 자연을 보는 데 필요한 것은 시력이 아니다. 마음의 여유다. 눈이 있어도 볼 수 없었고 머리가 있어도 생각지 못했던 많은 것들을 거기서 찾아냈다.

첫 미국 여행의 가장 큰 성과는 그동안 바쁜 일상의 뒷전으로 밀려나 있던 삶의 중요한 가치들에 대해 생각해보는 시간을 가질 수 있었다는 것이다. 처음으로 열심히 사는 것(혹은 바쁘게 사는 것)을 결코 잘 사는 것과 동일시할 수 없다는 생각을 하게 되었다. 시간의 소용돌이에서 한 걸음 물러나 뒤를 돌아보니 내가 잘할 수 있는 것, 내가 해야 하는 것들은 배제하고 굳이 남들이 잘하는 것, 사회적 통념이 선호하는 것을 잡으려고 허둥지둥 달려온 내가 보였다.

그뿐만 아니라 앞으로의 삶에서 내가 가장 선차적으로 추구해야 할 가치들도 보였다. 새로운 것을 발견하고 시야가 넓어지는 만큼 더 큰 꿈을 꾼다. 내가 너무 소박한 꿈을 꾸고 있는 것은 아닌가 하는 의구심에 조심히 좀 더 큰 꿈을 꾸기도 한다.

생각을 통해 삶의 숨은 의미를 찾아내는 것은 밀도 높은 삶을 살기 위한 선결 조건이며 그 자체로서도 커다란 밀도를 가진다. 길지 않은 미국 체류 기간의 의미가 25년이라는 북한에서의 긴 세월보다 결코 가볍지 않은 이유다.

신뢰를
쌓는다는 것

한 나라에 대해 우리가 평가의 기준으로 삼는 지표들은 여러 가지가 있다. 예를 들어 경제 수준, 군사력, 인구, 영토의 크기 등이다. 미국에 대해 말할 때, 물론 이런 지표들은 우리를 감탄하게 한다. 하지만 처음 본 미국에서 정말로 나를 감탄시켰던 것은 영토의 광대함이나 높은 국민소득, 세계 최강의 군사력이 아니었다. 그것들은 이미 신문과 방송, 인터넷을 통해 잘 알려져 있는 사실들이다.

우리는 예상치 않던 곳에서 예상치 못했던 경험을 할 때, 그것이 설사 아주 작은 세부라 할지라도 감명을 받는다. 그래서 선물에는 종종 깜짝이라는 강력한 효과가 가미되는 것이다. 내게 가장 큰 감명을 안겨준 것은 미국이라는 거대하고 화려한 집을 버티고 있는 신뢰라는 보이지 않는 기초였다.

내가 홈스테이하던 곳에서 학교까지는 자전거로 20분 남짓이 걸렸다. 나는 임차료로 1주일에 10달러를 지불하기로 하고 자전거를 빌려 통학을 했다. 교통비를 절약하면서 건강도 챙길 수 있는 효과적인 방법이었다.

하지만 한 가지 걱정이 있었으니 안전이었다. 미국에서 자전거는 자동차도로의 갓길로 다니게 되어 있다. 한국처럼 전용도로가 있는 것이 아니다. 옆으로 만속의 자동차들이 쌩 하고 지나가며 끼쳐놓는 바람이 휙 잔등을 스칠 때 그 서늘함이란 공포 그 자체였다.

그러다 보니 뒤쪽 멀리에서 차 소리가 들리면 자전거에서 내려 걷는 것은 기본이었고, 차가 소리 없이 다가오는 것만 같아 흘끔흘끔 뒤돌아보는 것이 그만 습관이 되어버렸다.

그 주제에 혼자서 2박 3일의 야심 찬 자전거 여행을 단행했다. 어두워질 무렵 빈민가의 골목길을 지날 때의 섬뜩함에 머리칼을 세우기도 하고, 비싼 호텔을 피해 한인 타운에 있는 사우나의 소파에서 잠자리를 충당하면서도 즐거웠던, 그 잊을 수 없는 여행에서 나는 돈으로는 결코 살 수 없는 의미 있는 체험을 하게 되었다.

그날도 어김없이 귀를 곤두세우고 뒤쪽을 힐끔거리며 자전거를 달리고 있는데 곁으로 두 명의 미국인이 다가왔다. 서로에게 "하이!"를 외치며 우리는 자연스럽게 동행하게 되었다. 그 지역 자전거 동호회원들이었다고 생각된다. 그들은 나를 배려하여 제일 안쪽에서 달릴 수 있게 해주었고, 덕분에 나는 더는 목을 비틀며 뒤쪽을 바라보지 않아도 되었다.

비록 원만한 대화는 아니었지만 엉성한 나의 영어 실력으로 표현할 수 없는 것들은 격렬한 보디랭귀지로 대신하며 10킬로미터 정도 달렸을까? 그동안 나는 그들이 전혀 뒤를 돌아보지 않고 달린다는 것을 발견했다. 나는 그들에게 자동차 때문에 위험하다는 것을 상기시켜주고 조심할 것을 부탁했다. 그러자 그들의 대답은 "대츠 오케이!" 자동차가 알아서 피한다는 것이다.

나의 눈에는 그들의 행동이 무모해 보였다. 어떻게 자기의 목숨을 뒤쪽에서 육박해 오는 불특정 운전사에게 그토록 무책임하게 방임해둘 수 있단 말인가? 하지만 그들에게 그것은 당연한 것이었다.

문득 그들의 사고와 내 사고의 바탕이 전혀 다르다는 생각이 들었다. 즉 그들 사고의 바탕에는 운전자는 교통법에 제시된 규정들을 잘 지킬 것이며, 따라서 뒤에서 달려오는 차는 나에게 위협이 되지 않을 것이라는 신뢰가 자리 잡고 있었던 것이다.

그 일이 있은 후, 나는 자전거를 타면서 뒤쪽을 돌아보지 않으려고 무지 애를 써보았다. 하지만 뒤쪽에서 차 소리가 들릴 때마다 내 고개는 조건반사적으로 돌아갔다. '만에 하나 뒤에 오는 차를 운전하는 사람이 마약 중독자라면? 혹은 지난밤 야근을 하고 졸음에 취해 운전하고 있다면?' 하는 생각들을 머릿속에서 지워버릴 수가 없었다.

역시 신뢰의 마음이 형성되는 것은 하루 이틀에 될 문제가 아니었다. 그 때문에 나는 연수 기간 내내 뒤에서 차 소리가 나면 늘 불안했고, 내 목은 불신의 비용을 지불하느라 비뚤어질 지경이었다. 그럴수록 미국의 신뢰 문화가 정말 부러웠다.

내가 미국의 한 도시를 보고 전체를 본 것처럼 말하는 것이 무리일 수도 있지만, 한 방울의 물에도 우주가 비낄 수 있듯이 나는 내가 본 것이 미국의 진짜 모습이라고 확신한다. 신뢰의 억센 뿌리가 있었기에 오늘날 미국이라는 거목이 자라날 수 있었고, 또 시대의 비바람과 도전을 견뎌낼 수 있는 것이라는 생각이 들었다. 이는 개인의 경우도 마찬가지다.

"신용을 잃은 사람은 더 이상 잃을 것이 없는 불쌍한 사람이다." 어머니가 늘 내게 하시던 말씀이다. 신뢰가 있는 곳에 마음이 쌓이며, 그 합쳐진 마음들로는 못 해낼 것이 없다. 좋은 세상을 만드는 일도 예외가 아닐 것이다.

이 바보 같은 상황을 탈출하라

두 번째로 미국을 경험한 것은 교환학생 때였다. 내가 교환학생으로 공부한 곳은 인디애나주의 에번즈빌이라는 도시였다. 에번즈빌은 일리노이와 인디애나, 켄터키주의 접경에 위치하고 있다. 학교는 시내에서 차로 20분 정도 걸리고 울창한 수림으로 둘러싸인 곳이다. 구내에는 호수가 두 개나 있고, 이따금 산책길에서는 사람을 만나도 전혀 당황하지 않고 주인다운 여유로움을 과시하는 사슴 가족도 만날 수 있었다. 이른 아침, 잠에서 깨어 창문으로 다가가 호수 위로 하얗게 올라가는 황홀한 안개를 바라보노라면, 어느 한적한 피서지에서 휴가를 즐기는 듯한 착각마저 들었다.

나의 가까운 지인들은 내가 새로운 환경에 적응을 잘하는 편이라고 평가한다. 그것이 학교생활로 한정되는 경우에는 나도 굳이 부인하지는 않는다. 어릴 적부터 여러 학교를 전전하며 나름의 적응 노하우가 쌓였기 때문일 것이다. 하지만 교환학생 생활에는 맞지 않는 얘기였다. 대학 구내의 아늑하고 정적인 풍경과는 달리 나의 적응기는 다사다난했다.

학교에 도착해서 주말을 포함한 처음 3일은 완벽 그 자체였다. 여기서 1년간 명상과 독서를 즐기리라. 그러면서 한국을 떠날 때 전자책에 한글 도서들을 가득 담아 온 선견지명(?)에 스스로 뿌듯해하기도 했다. 하지만 잠시의 행복은 평화로운 주말을 보내고 맞이한 월요일과 더불어 산산조각 났고, 나의 하루하루 일상은 문제투성이로 얼룩졌다.

누가 적응에 자신 있다고 했던가? 이곳은 이전에 방문했던 LA나 뉴욕과 같이 타 문화에 개방적인 대도시가 아니었고, 가물에 콩 나듯 보이는 동양인도 대부분 이곳에서 나서 자란 토박이 2세들이다. 학교 구내식당은 패스트푸드점이 아닌 이상, 어떤 야채를 넣을지 뺄지부터 어떤 소스를 뿌릴지까지 일일이 선택해야만 하는데, 한 끼 식사를 해결하기 위해 발음이 제대로 되지 않는 식재료들을 매번 외쳐대는 일은 여간 스트레스가 아니었다.

그러나 메뉴 선택의 난관은 안면 트인 친구들을 만날 때마다 허그를 해야 하는 당황스러움에 비하면 약과였다. 메뉴 선택이야 외치는 대신 손가락으로 가리키는 방법으로 1주일 만에 해결했지만, 어제 처음으로 알게 된 이성과도 오늘 스스럼없(는 듯)이 포옹하는 인사법은 여전히 적응이 필요한 일이었다. 뭐 꼭 불쾌한 것만은 아니지만.

하지만 뭐니 뭐니 해도 미 중부 원어민의 랩 같은 속사포 발음을 알아먹는 것이 가장 큰 어려움이었다. 자신이 멍청하지 않다고 생각하는 사람에게 공동체의 언어로 원활한 소통이 불가능하다는 사실은 사뭇 치명적이다. 친구들이 시도 때도 없이 던지는 농담에 함께 웃지 못할 때, 미처 알지 못해서 과제를 해 오지 않은 채 아주 당당하게 참가한 수업 내내 자괴감으로 허덕일 때, 나는 정신적 공백감과 완벽한 멍청함을 느꼈다.

게다가 수업 강도는 정말 어마어마한 것이었다. 인생을 통틀어 내가 그렇게 열심히 공부했던 적은 아마 없을 것이다. 여기서 한국과 미국 대학의 차이를 느낄 수 있다. 내 견해로는 한국의 대학은 들어가긴 어려워도 들어간 후에는 천국이다. 오죽하면 '먹고 대학생'이라는 말이 나왔을까. 하지만 미국에서 대학에 가는 건 비교적 쉬울지 몰라도 졸업하는 건 정말 어려운 일이다. 수업마다 읽기 과제가 있다. 그것도 아주 많이. 읽고 안 읽고는 개인의 선택이지만 그 선택은 수업 중에 바보가 될지 말지에 대한 선택이다. 그것은 또한 대학을 제대로 졸업할지 아니면 중도에 그만둘지에 대한 선택이기도 하다. 솔직히 고백하면 적응은 정말 어려운 것이었다.

고향 후배가 나에게 물어왔다. 미국에서 교환학생 생활이 어떠냐고, 자기도 잘할 수 있겠느냐고. 나는 고무적인 대답을 해줄 수 없었다. 그저 대충 얼버무렸을 뿐이다. 독서? 한 달이 넘도록 한국에서 가져간 책의 첫 장도 펼쳐보지 못했다. 구글 지도를 보면서 상상한 나의 1년간의 템플스테이 같은 교환학생 생활은 어느새 하루하루 전쟁 같은 적응 실화들로 채워져갔다. 3주를 미루다가 주말의 한 꼬투리를 빌려서 겨우 소회 한 자락을 적어보는 시간에조차 나는 넘쳐나는 과제들을 걱정하지 않으면 안 되었다. 최소 한 달 정도는 아무리 노력해도 대부분의 수업에서 멍청히 앉아 있었다. 그리고 그런 심리적 비평형 상태는 언어에 대한 갈증, 공부에 대한 갈구를 불러일으켰다. 한시라도 빨리 이 바보 같은 상황을 탈출하라고.

한창 그런 갈등에 허덕이던 중에 아주 우연히 스티브 잡스의 스탠퍼드 졸업식 연설을 다시 보게 되었다. 잡스는 이렇게 말한다.

"Stay hungry." "Stay foolish."

각이한 측면으로 다양한 상황에 있는 누구에게나 감동을 줄 수 있다는 데 위대한 연설들의 공통점이 있는 것이 아닐까? 나에게 이 연설은 커다란 위로로 다가왔다. 당시의 내 상태를 그보다 더 잘 표현할 수 있었을까? '그래, 나는 지금 명언을 실천하는 중인 거야.' 내가 느끼고 있는 갈증, 멍청함이 나를 앞으로 나아가도록 추동하고 있는 것임을 나는 깨달았다.

그리고 지난 시간을 되돌아보았다. 북에서 새로운 학교들에 적응하던 기억, 남한이라는 커다란 학교에 적응하던 시간들. 그것을 통해 "적응기"의 다른 말은 "급속도의 발전기"임을 알았다. 이제라도 그 후배에게 대답해야겠다고 생각했다. 너도 할 수 있다고. 잡스와 그 이전의 지혜로운 선배들이 말했던 이 경구를 믿을 수 있다면.

따뜻한 마음들은 어찌 그리 닮았는가

교환학생 생활을 하는 도중, 왠지 예전에 이곳에서 살아본 것 같다는 느낌이 계속 들었다. 이름 모를 향수 비슷한 것을 계속 느끼고 있었던 것이다. 그러던 중, 학교 식당에서 내 단골 셰프 아저씨(땡스기빙 브레이크 전날, 식사를 마치고 자리를 뜨는 나를 일부러 불러 세우고 "땡스기빙 재밌게 보내~" 하고 따뜻하게 인사해준 아저씨다)가 그릇이 넘치도록 가득 담아준 파스타를 받고서 불현듯 생각났다. 아저씨는 내 보통 식사량의 세 배 정도는 실히 될 식사를 받아 들고 살짝 당황한 나를 바라보며 흐뭇하게 웃고 있었다. 그때야 비로소 깨달았다. 내 육감이 터무니없는 것이 아니었음을.

그러니까 19년 전의 일이었다. 어찌어찌 되어서 나는 1중학교에 진학하게 되었는데, 아~주 시골(가장 가까운 우체국까지 고개를 두 개 넘어가야 했으니……), 지독한 시골이었던 내 집에서부터 학교까지는 60리가 넘었다. 지금 생각해보면 24킬로미터, 서울의 웬만한 회사원의 출퇴근길보다 가까운 거리지만, 13세 소년의 보폭에 그 시절의 시골길은 반나절이 대수로웠다. 도중에 개구쟁이의 장난기라도 발동하는 날에는 하루밖에 없는 일요일 휴식을 길가에서 날려 보내기가 일쑤였다. 아예 집에 도착하지 못하고 중도에서 다시 기숙사로 돌아간 날도 있었으니.

배급이 끊긴 세월인지라, 기숙 학생들은 옥수수 쌀 18킬로그램,

부식물 비용 4,500원을 학교 식당에 다달이 제공해야만 했다. 이 18킬로그램이 뭐냐 하니, 한 끼 200그램씩, 하루 세끼에, 한 달 30일의 곱셈 결과인데, 한창 먹을 나이의 아이들에겐 참 말도 안 되는 수학이었다. 그래도 불평하는 학생은 없었고, 대부분이 주린 창자를 달래며 죽도록 공부했다. 자식 배곯는 건 죽어도 못 봐주는 부모님들이 주말마다 가지가지 챙겨주는 간식도 결코 수요일을 넘지 못하고 동이 나고 만다. 부모님들도 그걸 모르지 않는다. 그래서인지 누가 먼저랄 것도 없이 고안해낸 방법이 고추장을 한 통씩 만들어 보내는 것이었다. 그런데 이것이 말이 고추장이지, 사실은 거의 종합 비타민이다. 어머니들의 상식으로 생각해낼 수 있는 모든 영양 성분을 여기에 첨가하기 때문이다. 매 가정의 경제 형편과 어머니들의 정성에 비례해 장맛 또한 천태만상이다. 이걸 식사 때마다 식당에 가져가서 멀건 시래기 소금국에 한 숟가락씩 풀어 먹으면 영양도 영양이지만, 그 맛이 아주 그럴싸하다. 국이 없을 때는 방금 퍼낸 따뜻한 밥 위에 고추장만 쓱쓱 발라 먹어도 그저 그만이다.

기숙 학생에게 굶주림의 그림자는 숙명처럼 따라다닌다. 간식이나 고추장으로 몰아내기엔 그 그림자의 어둠이 너무 짙다. 그런 기숙생들에게 '식모 아지매'는 햇빛과도 같은 존재다. 매일 아침저녁으로 소여물 끓이기에 똑 제격인 커다란 무쇠 가마에 학생들의 식사를 해내고 나서 붙어나는 누룽지의 처분권이 '식모 아지매'에게 있기 때문.

그게 다가 아니다. 밥주걱을 잡은 '아지매'의 손이 자칫 잘못 흔들리면, 그 알량한 200그램마저 감모 나는 수가 있기 때문이다. 식모 '아지매'는 설사 스무 살이 될까 말까 한 아가씨일지라도 '아지매'다. 일종의 직업인 것이다. 하지만 모든 학생이 '식모 아지매'라고 부르는 것은 아니다. 상황 파악이 빠른 일부 영리한(?) 친구들은 '식모 선생님'으로 부름말을 재빨리 바꾸는 것이다. 그런 학생들 앞에서는, 학생들의 부름말 변화만큼이나 빠르게 '식모 아지매'의 태도도 변한다. 에누리를 모르던 까탈스러운 '아지매'로부터 마음 후한 '선생님'으로 바뀌어 이따금 남들 몰래 큼직한 누룽지도 가방에 넣어주곤 한다.

내가 학교 다니는 동안 '식모 아지매'는 열 명도 넘게 바뀌었는데, 내게도 그중에 '선생님'이 한 분 있었다. 나이를 직접 물은 적은 없지만, 여군 출신으로 금방 제대하고 학교 식당에 취직했으니 당시 24세 정도 되었을 것이다. 사람들이 없을 때는 누나라고 불렀는데, 나를 많이 사랑해주었다. 나도 그 누나의 심부름을 곧잘 해주곤 했는데, 언젠가는 장마당에서부터 자전거로 부식물을 함께 날라다 준 적도 있었다.

이 누나한테서 그때까지 소문으로만 듣던 그 커다란 누룽지를 받았던 날 얼마나 좋았던지……. 내 두 팔로 다 감지 못할 만큼 큰 누룽지를 호실 친구들과 나눠 먹을 때엔 또 얼마나 뿌듯했던가.

셰프 아저씨의 흐뭇한 미소 위에 그 누나의 모습이 겹쳐졌다. 남들이 볼세라 강낭밥을 꾹꾹 눌러 담아 넘겨주며 흡족한 미소를 짓던 그 모습이. 나를 심란하게 만들던 육감의 정체가 그리 먼 곳에서부터 비롯된 것이라니. 하기야 마음에 멀고 가까움이 어디 있겠는가. 또 따뜻한 마음들은 어찌 그리도 닮았는가!

2. 아메리카 횡단 시작

★★★

오하이오강에서 LA까지

교환학생으로 공부한 에번즈빌과 바로 옆 켄터키주 사이에는 아름다운 강이 흐르고 있는데, 그 강이 바로 오하이오강이다. 나는 친구들과 자주 차를 타고 강가로 갔다. 때로는 함께 떼창을 하고 때로는 맥주를 마셨다. 우리는 여름에도 가고, 겨울에도 가고, 새벽에도 가고, 깊은 밤에도 갔다. 어떤 날은 혼자서 우버를 타고 갔다.

처음으로 오하이오강을 보았던 날 나는 그 매력에 빠져들고 말았다. 뭐랄까, 아버지 같은 이미지라고 할까? 검붉은 구릿빛 물결에서 아버지의 얼굴빛이 떠올랐고, 강바람을 타고 풍겨오는 냄새가 아버지의 체취를 상기시켜주었다. 게다가 멀리서 볼 때는 멈춰 있는 듯하지만 가까이에서 보면 맹렬하게 흐르는 물살은 겉으로는 드러나

지 않지만 내심에선 용암을 끓이고 계셨던 내 아버지의 성품을 닮았다.

내가 즐겨 찾던 곳은 너비가 한강의 두 배쯤 될까. 살랑이는 바람에도 기슭에서는 철썩철썩 파도가 쳤다. 그 기슭에 앉아 흐르는 강물을 보노라면 그 물이 흘러가는 곳이 궁금해졌다. 오하이오강은 미시시피강의 가장 큰 지류다.

미시시피! 본명보다도 필명으로 더 잘 알려진 마크 트웨인이 톰 소여와 허클베리 핀을 길어 올린 그 강이다. 사실 마크 트웨인이라는 이름조차도 미시시피가 선물한 것이 아니던가. 이 거대한 강은 미국의 28개 주를 감돌아 멕시코만으로 흘러든다. 나는 증기선을 타고 바다로 나가던 그 시절 옛 작가의 모습을 상상해보았다. 그리고 하류 쪽으로 어떤 힘이 나를 잡아끄는 것을 느꼈다. 자연과 그 속에 녹아 있는 인간의 이야기는 항상 나를 거기로 불러들인다. 나는 그런 종류의 이야기가 발산하는 유혹에 저항할 의지가 부족하다. 넉넉지 않은 주머니 사정과 쫓기는 시간에도 불구하고, 나는 자연으로부터 울려오는 그 먼 북소리의 유혹에 끝내 굴복하곤 한다.

급기야 여행 계획을 세웠다. 처음엔 그냥 미시시피의 끝까지만 갈 계획이었다. 그러나 방학이 될 때까지 여행 계획은 계속 수정되었다. 12월에 LA에서 있을 친구의 결혼식에도 꼭 참석해야 했다. 결국 여행은 대륙 횡단 계획으로 최종 확정되었다.

오하이오강,
이 강 기슭에서
아메리카 횡단 여행이
비롯되었다.

출발을 이틀 앞두고 나는 휴스턴에 살고 있는 오스틴에게 연락을 했다.

"형, 나 이번 횡단 여행 도중에 텍사스를 지나갈 예정인데 형 집에 들러 갈게요."

오스틴과는 한국에서부터 알고 지내는 사이였고, 미국에서 공부하는 동안에 한 번은 꼭 놀러 가려고 벼르고 있던 참이었다.

"아, 그래? 언제든지 환영이지. 나는 지금 한국에 와 있는데 일주일 안에 돌아갈 것 같아. 여행 계획은 다 잡혀 있어?"

"네, 이틀 후에 출발할 예정이고 혼자서 하는 여행이라 프리하게 다니려고요."

수화기로 들려오는 오스틴의 음성은 약간 들떠 있었고 나는 그와 이번 여행을 함께하게 될 것임을 예감했다. 예감은 빗나가지 않았고, 오스틴 외에도 다른 한 명이 더 동행하게 되었는데, 바로 주성하 형이다.

2018년 12월 13일, 나의 여행이 시작되었다. 어쩌면 여행은 끊임없는 실수의 연속일지도 모른다. 이번 여행의 첫 번째 실수는 렌터카 회사에서 시작되었다. 며칠 전 온라인을 통해 예약한 차는 대형이었지만 정작 내가 받은 차는 중형 세단이었다.

당시 해당 렌터카 업체에 내가 예약한 차종이 없었는지, 아니면 직원의 눈에 영어 발음이 어수룩한 동양인 유학생이 쉬워 보였던 건지는 모르겠지만 나는 차가 바뀐 사실을 텍사스에 가서야 알게 되었다. 어쨌든 당시에는 그저 행복했다.

미국에서는 처음으로 해보는 운전이라 걱정도 없지 않았다. 시운전 삼아 렌터카 업체 마당을 천천히 두 바퀴 돌아보고 도로로 나섰다. 오후 1시, 자동차도 연료를 꽉 채웠고 나도 맥도날드로 배를 불렸다. 드디어 출발이다. 이 순간을 위해 몇 밤을 지새우고 몇 날을 설쳤던가. 그런 의미에서 이 여행은 벌써 몇 달 전에 시작되었던 것이다.

북위 37도에 위치하고 있는 에번즈빌의 12월은 서울의 기온과 큰 차이가 없다. 어두운 하늘에서는 진눈깨비가 내리고 있었지만 내 마음은 마냥 즐거웠다. 도시를 조금만 벗어나면 풍경은 단조롭다 못해 졸릴 지경이다.

나는 고속도로를 따라 남으로 남으로 향했다. 미국에서의 운전은 크루즈 기능이 필수다. 한국에서는 거의 무용지물인 기능이지만 미국에서는 그것이 없으면 액셀러레이터를 밟아대느라 발목이 고역을 치러야 한다.

간혹 한국에서 운전하다 보면 이따금 크루즈 운전의 자유감이 그립다. 나는 혼자서 노래를 부르기 시작했다. 알고 있는 남한 노래가 다 바닥이 나서 북한 노래를 부르기 시작했다. 나는 지금도 흥이 나면 북한에서 부르던 노래들을 흥얼거리는 편이다. 이상하게 아직도 북한 노래 가사가 잊히지 않는다. 북한 노래라야 대부분이 김씨 일가 찬양 일색인데 3절까지 가사가 생생하다. 이런 데 거부감을 갖는 사람들도 있지만 내게 그것은 기분을 표현하는 하나의 방식일 뿐이다. 이따금 혼자서 생각해보면 그 상황이 일종의 블랙 코미디같이 느껴지기도 한다. 있는 목청을 다 뽑으며 머릿속의 노래 리스트를 내려 훑고 올려 훑으며 어떤 곡은 두 번씩도 하고 나니 벌써 날이 어슬어슬해지기 시작했다.

테네시와 앨라배마의 주 경계를 지나니 기온은 훨씬 온화해지고 진눈깨비는 어느새 비로 변해 있었다. 여행을 할 때면 나는 마치 내가 신이 된 것만 같은 느낌을 받는다. 이전에 나는 인간이란 자연에 수동적일 수밖에 없는 존재라고 생각했다. 특히 계절의 변화에는 더더욱. 북한에서 살 때 계절이라는 자연의 제약은 일종의 불가항력으로 인식되었던 것 같다. 나는 여름이면 겨울을 그리워했고, 겨울이면 다시 여름이 그리웠다. 그러나 그때의 나에게 계절의 변화는 일종의 숙명처럼 받아들여졌다. 탈북 과정은 나에게 계절에 대한 새로운 차원의 인식을 가져다주었다.

내가 북한을 떠난 것은 10월 말이었다. 백두산 밑의 10월은 서울의 한겨울보다 춥다. 개울물 양쪽으로 살얼음이 얼기 시작하는 시기다. 하지만 탈북 노정을 따라 중국 대륙을 횡단하면서 나는 단 두 주 만에 겨울에서 여름을 경험했다. 이전에 나는 단 한 번도 이런 식으로 계절의 변화를 경험할 수 있으리라고 생각해본 적이 없었다.

이번 여행을 떠나기 얼마 전에 파나마에서 유학 온 친구들과 함께 첫눈을 맞았다. 파나마 친구들에게는 인생 첫눈이었다. 내게는 그들이 펑펑 쏟아지는 함박눈을 맞으며 경이로워하던 모습이 감동적이었다. 나는 그 느낌이 어떤 것인지 나의 경험으로 미루어 짐작할 수 있었다. 이전에는 상상 속에서만 존재했거나 상상조차 하지 못했던 불가능이 현실이 될 때 나는 "보시기에 좋았더라" 하는 구절이 떠오른다. 특히 여행할 때 나는 유독 이 구절을 많이 떠올리게 된다. 이 여행에서 나는 이 구절을 얼마나 떠올리게 될까?

끝에 대한 동경

나는 항상 뭔가 뾰족하게 돌출된 곳으로 가보고 싶은 욕망을 느낀다. 이를테면 육지의 끝이나 산의 정상, 나라 사이 국경선의 끝점이나 사람의 발길이 닿지 않았을 듯한 깊고 깊은 오지 같은 곳 얘기다.

한국에 온 지 얼마 안 되어 '땅끝마을'이라는 지명에 혹하여 해남을 다녀왔고, 남한의 명산들 중 많은 산의 정상에서 인증 샷을 남겼다. 해외에서도 마찬가지다. 알래스카에 갔을 때에는 육지의 끝에서 바다를 바라보고 싶어 도로가 끝나는 곳까지 북쪽으로 갔다가 경찰에게 스파이로 의심받은 적도 있다. 파키스탄에서는 해발 4,000미터가 넘는 오지 마을의 만년설 덮인 정상에 오르려다가 저체온증에 걸릴 뻔하기도 했다.

이번에도 미시시피강과 바다가 포옹하는 곳, 대륙과 멕시코만이 경계를 다투는 곳으로 가보고 싶었다. 뉴올리언스 교외에서 110킬로미터 정도로 1시간 반쯤 걸리는데, 다니는 차들도 별로 없어서 드라이브하기 좋은 코스였다. 왼편으로는 미시시피강이 있고 오른편으로는 평야가 펼쳐져 있었다.

이따금 차를 세우고 미시시피강 둑에 올라서서 거대한 화물선들이 지나가는 모습을 넋 놓고 바라보곤 했다. 이 지역은 미시시피강이 날라 온 흙이 퇴적되어 생긴 부채꼴 모양의 삼각주인데 땅이 기름지다. 오른편의 평야에서는 소들이 풀을 뜯고 있었는데 도로와의 경계에 철조망이 쳐져 있었다. 그 철조망 너머로 소들의 자유로운 모습이 대조되면서 야릇한 분위기를 자아냈다.

베니스는 루이지애나의 최남단에 위치한 동네다. 가는 도중에 여러 번 차를 세우고 멍 때리다 보니 점심시간이 훌쩍 지나서야 그곳에 도착했다. 배가 고파서 찾아보니 근방에 식당이 하나밖에 없다. 이것마저 없었으면 어쩔 뻔했나 싶었다.

가격이 싼 편은 아니었지만 음식은 정말 훌륭했다. 정작 나온 샌드위치를 보고 너무 커서 놀랐다. 내가 식사하는 동안 건너편에서 맥주를 마시고 있는 아저씨들이 혼자서 이곳에 나타난 동양인이 신기한 듯 흘끗흘끗 바라보았다. 아마 멕시코 출신인 듯한 열정적인 식당 주인아주머니가 음료수도 더 갖다 주면서 이것저것 많이 물어보았다.

식당 아주머니가 갑자기 간판 하나를 들고 내게로 왔다. 빈티지한 느낌의 철판에 페인트로 "환영합니다. 당신은 지금 루이지애나주의 최남단에 있습니다"라고 적혀 있었다. 아주머니가 간판을 내게 내밀며 사진을 찍으라고 했다. 내가 땅 끝까지 가겠다고 하니 저쪽으로 가면 된다고, 마지막에는 차에서 내려서 걸어야 한다고 말해주었다.

루이지애나의 땅 끝을 구경한 뒤 마침내 휴스턴 공항에 도착했을 때는 10시 50분, 마침 오스틴에게서 연락이 왔다.

"형 도착했어! 어디에 있어?"

"입구 쪽에서 기다리고 있어."

우리는 거의 동시에 서로를 알아보고 반갑게 손을 흔들었다. 그런데 성하 형이 보이지 않았다.

"성하 형은요?"

"일이 좀 꼬여서 다음 비행기로 오고 있어."

비행 스케줄을 보니 댈러스에서 출발해서 2시간 후에 도착한단다. 우리는 함께 오스틴의 집으로 가서 기다리다 다시 나오기로 했다. 눈 밝은 오스틴은 내가 렌트한 차가 예약한 차가 아니라는 것을 단번에 발견했다. 예약은 풀사이즈로 했는데, 실제로 내가 운전하고 간 것은 그보다 한 급 낮은 차였던 것이다. 다음 날 함께 렌터카 회사로 가서 바꾸기로 했다. 오스틴의 집에 도착해서 잠깐 얘기를 나누다 비행기 도착 시간에 맞춰 다시 공항으로 향했다.

드디어 성하 형이 간난신고 끝에 도착했다. 형은 시작부터 일정이 꼬였다며 불평하고 있었지만, 오스틴과 나는 마냥 즐거워서 웃기만 했다. 셋이 이렇게 휴스턴 공항에서 만나고 있다는 게 실감 나지 않왔다.

불과 며칠 전까지만 해도 전혀 계획에 없던 일이 아닌가. 모두 함께 오스틴의 집에 도착한 건 새벽 1시경이었다. 공항에서 기다리고 있을 때에는 집에 가기만 하면 피곤해서 노그라질 것 같았는데, 정작 형들을 만나니 들떠서 수다쟁이가 되어버렸다.

성하 형은 오스틴의 집을 보고 연방 감탄하고 있었다. 나는 냉장고를 뒤져 소주와 라면을 찾아냈다. 둘 다 그동안 먹고 싶었던 거라 라면부터 끓이기 시작했다. 소주 맛을 엄청 기대했는데 생각보다 별로였다. 하지만 셋이 모였는데 술이면 어떻고 물이면 어떠랴. 오스틴이 피곤하다며 침대로 간 후에도 성하 형과 나는 소주와 수다로 밤을 태우고 있었다. 그 수다 속에서 이 글을 쓰려는 아이디어도 나왔다. 나도 이번 여행에 대해 격식을 갖추지는 않더라도 기록을 남겨두려던 참이어서 책을 함께 쓰자는 성하 형의 제안에 적극 찬성했다.

우주는 우리 모두의 고향 아닌가

휴스턴에서의 첫날 일정은 나사NASA로 정해졌다. 휴스턴의 존슨 센터는 유인 우주선과 관련된 연구, 발사 및 조종을 담당하는 나사의 산하 기관이다. 언제부터 가고 싶었던 곳이고 여행 중에 휴스턴에 들른다고 하니 많은 친구들이 추천했던 곳이다. 오스틴도 꼭 가봐야 한다고 했다. 성하 형도 우주 쪽에 관심이 많았다. 오스틴은 이미 여러 번 다녀왔고, 더욱이 회사 일이 있어서 성하 형과 둘만 가기로 했다.

날씨는 화창했고 노래가 저절로 흘러나왔다. 가는 도중에 보니 조기가 드리워져 있었다. 우리 둘은 그 이유를 금방 추측해냈다. 약 보름 전에 서거한 조지 부시 대통령에 대한 애도였던 것이다. 당시 아버지의 죽음에 대한 추도사를 하는 아들 부시 대통령의 동영상을 보고 놀랐다. 한 사람의 죽음에 대한 애도에 웃음과 눈물이 공존할 수 있다는 사실을 처음 알게 되었다. 나의 인식 속에 있는 추도사는 마냥 엄숙해야 하고 무거워야 했는데, 때로는 감동으로, 때로는 유머로 사람들로 하여금 고인을 추억하고 추모하게 하는 추도사를 보면서 또 한 번 인식이 확장되는 느낌이었다. 역시 이것도 문화적 차이인 것 같다. 남북한을 막론하고 장례식장에서 웃는다는 것을 상상이나 할 수 있겠는가.

나는 원래 아들 부시를 좋아하지 않았는데 그 동영상을 보고 생각이 조금은 바뀌었다. 북한에 있을 때, 부시 대통령은 미국에 대한 온갖 나쁜 이미지의 체현자였다. 나의 세계관이 한창 형성되던 시절 그는 미국의 대통령이었고, 자라면서 미국과 관련해 제일 많이 보았던 뉴스가 북한을 악의 축이라고 주장하는 부시의 모습이었다.

나와 비슷한 세대의 북한 사람들의 인식 속에서 아들 부시는 "악의 축"이라는 단어와 동의어로 존재할 것이 틀림없다. 게다가 북한은 입에 담기도 민망한 욕설로 그의 주장을 백배로 갚아주었다. 그 때 생긴 부시 대통령에 대한 이미지는 한국에 온 이후에도 쉽게 바뀌지 않았다. 하지만 그 동영상을 본 이후 부시 대통령에 대한 이미지가 많이 좋아진 것 같다. 나는 아직도 북한에서 당한 세뇌로부터 탈출하고 있는 중이다.

널 암스트롱의 이야기는 유리 가가린과 더불어 북한에서도 유명하다. 미국을 철천지원수로 치부하는 북한이지만 닐 암스트롱의 업적은 미국의 성과가 아니라 인류의 성과로 소개했다. 나사를 견학하면서 나는 만약 어릴 적에 이곳을 방문할 기회가 있었다면 나는 우주과학자가 되었을 거라고 생각했다.

나는 우주에 대한 이야기들을 정말 좋아한다. 이유는 두 가지인데, 첫 번째는 그것이 너무나 시적이고 아름답기 때문이다. 다른 하나는 우주에 대한 이야기는 항상 나라는 존재의 덧없음을 깨우쳐주고 겸손을 가르쳐주기 때문이다. 학생 시절에 할아버지 서재에서 "우리가 속한 시공간은 아주 미세한 것이다"라는 담담한 투르게네프의 고백을 보고 한동안 실의에 빠졌던 적도 있었다.

북한에서 우주와 관련한 이야기들은 매우 제한적이다. 물론 북한에도 과학환상소설이라는 장르가 있지만, 그것은 아동용 소설이다. 남한에서는 공상과학소설이라는 분야가 나름의 독자층을 형성하고 있지만, 북한에서 과학환상소설은 아주 기본적인 우주 지식만을 소개하며 상상력도 매우 유치하다. 판타지는 사회주의적 사실주의를 문학 창작의 원칙으로 삼는 북한에서는 일종의 사이비 예술로 치부된다.

영상물도 고작 아동용 애니메이션이 끝이다. 북한에서 보았던 영화 중 그나마 SF라고 말할 수 있는 것은 「보이지 않는 사나이」라는 소련 영화였다. 미국 작가의 원작을 각색한 영화였는데 그나마 신선하게 보았던 기억이 있다.

내가 처음으로 본 제대로 된 SF 영화는 16세 때, 기숙사 TV를 통해 보았던 남한 방송에서, 어느 토요일 저녁에 중계했던 「타임머신」이다. 그 영화를 보고 정말 충격을 받았다. 며칠 동안 영화에서 제시되는 아이디어들과 이미지들이 머리에서 사라지지 않았고 마치 열병에 걸린 사람처럼 허둥대며 그 영화 생각만 했다.

그 영화를 보기 이전에는 그런 종류의 상상을 영화로 만들어낼 수 있을 거라는 생각을 해본 적이 없었다. 함께 보았던 룸메이트들은 내가 그 영화에 열광하는 것을 이해할 수 없다는 표정이었지만 나의 머릿속에서는 새로운 세계로 통하는 문이 열리고 있었다.

한국에 와서 우주와 관련한 SF들을 줄줄이 이어서 봤다. 보는 내내 감탄하고 황홀해하고 나중에는 닐 타이슨이 출연하는 「코스모스」 13부를 전부 시청했고, 칼 세이건의 원작도 찾아보았다. 그때 처음으로 1980년대에 그런 명작을 볼 수 있었던 미국 사람들이 부럽다고 생각했던 것 같다. 나는 이따금 북한 정권이 주민들에게 저지르고 있는 가장 나쁜 짓은 그들의 일상에 대한 감시와 통제보다 오히려 상상력을 제한하는 일이라고 생각하곤 한다. 지금의 환경에서 다시 소년으로 돌아간다면 나는 천문학자나 우주비행사가 되기를 꿈꾸고 있을 것이다.

나사를 방문하는 동안만큼은 소년으로 다시 돌아간 듯 여러 가지 체험도 해보고 안내문도 자세히 읽으면서 동심에 흠뻑 젖어 있었다. 성하 형도 즐거워하는 것 같았다. 어쩌면 우리 모두의 DNA에는 본인이 인지하든 아니든 간에 우주에 대한 동경이 각인되어 있는지도 모른다. 어쨌든 우주는 결코 벗어날 수 없는 우리의 고향이 아닌가.

박물관 견학을 마치고 바닷가로 갔다. 성하 형도 바다가 좋다고 해서 갤버스턴으로 갔다. 갤버스턴은 멕시코만에서 휴스턴으로 들어오는 자연 갑문이다. 원래 길쭉하게 생긴 섬인데 육지와 도로가 연결되어 지도상에는 천연 다리와도 같아 보인다. 맞은편의 볼리바반도와 마주 보며 멕시코만으로부터 트리니티, 갤버스턴, 이스트만으로 이루어진 만 지역으로 들어가는 갑문이 되었다.

휴스턴이 아직 생기기도 전 누렸던 화려했던 과거를 짐작할 수 있게 하는 고풍스럽고 위풍 있는 건물들과 함께 현대적인 유흥 시설과 카페들이 어울려 있는 아담하고 매혹적인 도시다. 길이가 50킬로미터 정도이고 너비는 가장 넓은 곳이 5킬로미터, 좁은 곳은 1킬로미터도 안 되는 길고 삐쭉한 지형이다.

길게 쭉 뻗어간 해안도로가 섬을 가로지른 채 길 양쪽으로 비치와 주택 지구가 나누어져 있었다. 이곳에서 보는 멕시코만은 뉴올리

선셋 루트에서의 드라이빙

언스에서 보았던 그것과 또 다른 느낌이었다. 화창한 날씨 때문인지 몰라도 이곳의 바다가 더 아름다워 보였고 미시시피 하류의 을씨년스럽던 풍경과는 달리 여기는 휴양지 특유의 북적거림과 활력이 넘치고 있었다.

우리는 바지를 걷고 멕시코만에 뛰어들었다. 12월의 바닷물은 한껏 달아오른 우리를 시원하게 식혀주었다. 성하 형은 내가 운전하는 동안 위키피디아를 통해 공부한 갤버스턴을 길게 설명해주었고, 우리는 애꿎은 갈매기도 쫓으면서 즐거운 시간을 보냈다.

여행하는 내내 성하 형은 어디에 가든 작은 수첩을 들고 다니면서 메모를 남겼고, 메모가 여의치 않을 때는 핸드폰으로 녹음을 했다. 형에게 배어 있는 직업 정신에 한두 번 감탄한 것이 아니다. 나도 몇 번 수첩을 챙겨 시도해보았지만 이내 포기하고 말았다. 나는 오히려 하루를 마치고 저녁에 잠들기 전에 메모 시간을 갖는 것이 좀 더 효과적이다. 순간적으로 떠오르는 아이디어들을 놓치게 되는 아쉬움이 있지만, 건망증을 극복할 수만 있다면 아이디어가 숙성될 시간을 두었다가 적는 것도 괜찮은 방법인 것 같다.

휴스턴으로 돌아갈 때는 왔던 길이 아니라 조금 돌기는 하지만, 섬을 동에서 서로 가로질러 가기로 했다. 유명한 선셋 루트를 따라 드라이빙하기 위해서였다. 마침 하늘도 맑았고 해가 서쪽으로 기울기 시작했다. 가면서 보니 섬 전체를 걸쳐 비치가 누워 있었다.

도로는 2차선이었는데 주택 지구를 벗어나면 왼편으로는 바다가 보이고 오른편으로는 갈대밭이었다. 그 위로 이글거리는 태양의 아쉬운 미련인 듯 노을이 붉은 독을 내뿜고 있었다. 우리는 엇바꿔가며 감탄하기에 바빴고, 태양은 우리가 좀 더 즐기기를 바라기라도 하듯 늑장을 부리고 있었다. 아름다운 저녁이었다.

두 명사수의 대결

휴스턴에서 두 번째 날이 밝았다. 차를 바꾸기로 한 날이었다. 내가 잠에서 깨어 내려오니 오스틴 형은 이미 렌터카 회사와 전화 중이었다. 오스틴 형은 협상의 달인이다. 형이 두 눈 똑바로 뜨고 또박또박 말하기 시작하면 뭐 다 끝난 거다. 형은 고객센터의 직원과 전화하고 있었는데, 고객센터 직원이 자기에게는 차를 바꾸어줄 권한이 없다고 하자 형은 결국 매니저와 통화하게 되었다.

매니저는 처음에 아마도 현장에 차가 없어서였을 것이라고 변명하면서, 차를 바꾸려면 네가 그 차를 가지고 처음 차를 빌린 인디애나로 가면 된다고 했다. 물론 오스틴 형에게는 씨알도 먹히지 않는 얘기였다. 오스틴은 마치 숙제 못 한 학생을 꾸짖는 선생처럼 매니저에게 또박또박 말하기 시작했다.

첫째, 당신의 변명은 말도 안 된다. 만약 현장에 차가 없었다면 온라인상에서 예약 자체가 되지 않는다. 당신이 더 잘 알지 않는가. 만약 없는 차를 예약하게 했다면 그건 당신들이 허위로 예약을 유도한 것이다. 그것 역시 당신들 잘못이다. 그게 아니라면 내 친구가 렌트하던 시점에 풀사이즈 차는 반드시 그 장소에 있었다.

둘째, 나는 해당 렌터카를 대여해준 직원에게 책임을 물어야 한다고 생각한다. 영어를 잘 못하는 동양인 학생이라고 판단하고 내 친구에게 제공해줘야 할 서비스에 대한 책임을 태만히 한 거다. 내가 볼 때 여기에는 인종차별의 소지조차 있어 보인다. 내 친구가 비록 영어가 유창하지는 않지만 현재 미 국무부 프로그램으로 유학 중이고, 만약 당신들이 허투루 제공해준 차로 여행하다가 불미스러운 일이라도 생긴다면 국부무가 개입하고 책임질 일이 발생하는 것이다.

셋째, 차를 바꾸려면 인디애나로 가야 한다고 했는데 여긴 지금 텍사스다. 정말로 너희가 한 실수 때문에 내 친구가 돈과 시간을 들여 다시 인디애나까지 가야 한다고 생각하는 건가? 당신네 회사는 전국적인 네트워크가 있으니 나는 당신이 이 문제를 현명하게 해결해줄 수 있을 거라고 믿는다.

곁에서 듣고 있는 나조차 혀를 내두를 지경이었다. 결국 매니저는 바로 상황 판단을 마쳤고, 여기저기 전화하면서 시스템에 업데이트하고 나서 휴스턴에 있는 자기네 렌터카 지점 어디서나 바꿀 수 있도록 해두었다고 연락해왔다. 이제 지역의 지점을 찾아가 차를 바꾸기만 하면 되었다.

오스틴이 그날 늦게 출근한 다음, 나와 성하 형은 휴스턴에서 두 번째 날을 어떻게 보낼 것인가를 토의했다.

"사격 한번 해볼래?"

성하 형의 제안에 나는 반쯤 껑충 뛰었던 것 같다. 나는 사격을 정말 좋아한다. 그뿐만 아니라 스스로 명사수라고 자부한다.

내 특기는 속도 사격이다. 북한의 고등학교에는 '붉은청년근위대'라는 군사 훈련 제도가 있다. 모든 학생들이 16세가 되면 1주간의 병영 생활을 통해 군사 훈련을 받는다. 대열 훈련에서부터 독도법, 무기 소제법, 야영법은 물론 사격에 이르기까지 아주 집중적인 훈련을 받는다.

학생들은 시절이 시절인 만큼 그냥 집을 떠나 또래끼리 함께한다는 사실 자체를 즐거워한다. 북한 출신 친구들에게 물어보면 대부분 그 경험을 낭만적인 추억으로 이야기한다. 북한 정권의 의도가 어쩌면 먹히고 있다는 증거일 것이다.

어찌 됐든 이 훈련의 마지막 날에 사격을 한다. 모든 학생에게 3발의 총탄이 주어지며 100미터 거리의 과녁을 맞히는 것이다. 이날은 부모님들이 음식을 싸 들고 구경을 온다. 한 발당 만점은 10점이고 세 발 모두 명중하면 30점인데, 25점 이상이면 우, 20점 이상이면 양, 15점 이상이면 급, 그 이하이면 낙, 이런 식으로 평가한다. 우를 받은 학생들에게는 목에 꽃목걸이도 걸어주고 대열 앞에서 칭찬도 해준다. 낙을 받은 친구들은 울고불고 난리도 아니다.

사격 전날 각 소대에서(훈련 기간 동안 학급은 소대로 개편된다) 1명씩 시험 사격을 할 수 있는 기회가 있다. 무기의 기계 장치에 이상은 없는지, 조준점은 맞는지 확인하는 차원에서 하는 것이다.

사격 무기는 AK-47이다. 우리는 자동보총이라고 불렀다. 나는 소대 대표로 선발되어 시험 사격을 할 수 있었고 10점을 받았다. 다음 날에도 세 발을 모두 10점을 맞혀 30점 우를 받았다. 그 후 나는 항상 명사수라고 자부했다.

하지만 그 이후로는 정작 총을 쏴볼 기회가 없었다. 내가 근위대에서 4발을 쏴서 40점을 받았다고 하니 성하 형은 못 믿는 눈치였다. 형은 형대로 명사수라고 뻐긴다. 우리는 서로에게 서로를 증명할 기회를 앞에 두고 기대감에 들떴다.

북한의 철없는 어린이에게 "커서 무엇이 될래?"라고 묻는다면 "인민군!"이라고 대답할 확률이 100퍼센트다. 학교를 졸업하는 학생이 제1지망(실제 의사와는 관계없이)으로 적어내야 하는 것 또한 군대다. 게다가 군 복무는 북한에서 출세하기 위한 필수 요건이다. 그만큼 북한에서 병역 미필자들은 '남자는 군 복무를 해야 사람이 된다'는 사회적 통념에 고통받는다.

한국에 온 지 1년쯤 지났을 때, 해병대 체험을 신청했다. 어쩌면 그것을 통해 군 복무를 못 했다는 일종의 트라우마를 극복하고 싶었는지도 모르겠다. 어쩌면 북한 정권은 사람들의 DNA에 선군 사상을 각인하는 실험을 완성하고 있는지도 모르겠다. 어쨌든 귀신 잡는 해병대의 극기 체험 과정이 심신을 단련하는 좋은 기회가 될 테니까.

훈련 첫날 철모와 군복, 어마어마한 장비들을 착용한 교육생들에게서 해병대의 위풍당당한 모습이 제법 엿보인다. 얼굴에 바른 위장크림 사이로 반짝이는 진지한 눈빛들은 내가 바로 '태양의 후예'임을 외치고 있었다.

마이크 없이도 문수산 골짜기를 쩌렁쩌렁 울리는, 역삼각형의 멋진 상체를 가진 훈련 교관의 구령 소리는 이어폰에 찌든 귓구멍을 시원하게 뚫어준다. 난생처음 해보는 PT 체조(유격체조)로 첫날에 벌써 우리의 나태해진 근육은 혼쭐이 났다. 하지만 이제 시작이다. 연속되는 훈련 과업은 그 난도가 점차 높아진다. 헬기 레펠 훈련, 아파트 10층 높이의 구조물에서 흔들리는 줄 하나에 몸을 맡기고 땅으로 하강해야 한다. 공포 영화에서 느끼는 스릴 정도는 장난이다. 훈련을 시작할 때 보여주는 조교의 시범 동작은 예술이다. 훈련 동작을 능숙하게 수행하는 그들의 모습에서 직업 군인의 자부심이 넘쳐난다. 이따금 저도 모르게 엄마를 찾으면서도 끝까지 포기하지 않는 여성 교육생들의 모습은 겁먹은 남자들을 분발케 한다.

도하 훈련 시간, 산악 유격장의 두 골짜기 사이를 가로지른 외줄을 타고 건너야 한다. 요령은 아래를 보지 말고 하늘을 볼 것. 자칫 아찔한 골짜기 아래를 내려다보면 머리카락이 쭈뼛 일어서고 마음에 탕개를 친 듯이 긴장감이 팽배해진다. 땀이 철철 흘러내리는 등골에서 서늘한 오한이 느껴지는 묘한 체험을 할 수 있으니 기회가 되면 꼭 도전해보시라.

하지만 뭐니 뭐니 해도 해병대 체험의 정수는 IBS(고무보트) 훈련이다. 고무보트에 펌프로 공기를 채워 넣는 것부터 만만치 않다. 공기를 가득 충전한 보트는 100킬로그램이 넘는데 이 보트를 들어서 머리에 올렸다 내리는 연습을 자라목이 되도록 반복한다. 보트를 물에 띄우고는 함께 구령을 외치며 노를 젓는다. 가장 힘든 훈련이 가장 즐거운 체험으로 화하는 순간이다. 훈련이 끝나고 샤워하면서 물

줄기를 맞을 때의 느낌을 어떻게 말로 다 설명할까.

해병대 체험을 통해 전우애도 배울 수 있다. 훈련의 과정에서 몸과 몸이 부딪힐 때, 흐트러진 서로의 군복 차림을 바로잡아 줄 때, 그리고 카라비너(헬기 레펠, 도하 등 훈련 시 착용하는 안전장비)의 안전장치를 서로 확인해줄 때 전우애는 급상승한다. 산길을 오르면서 먼저 내민 손을 스스럼없이 잡아주는 순간 굳게 잡은 손과 손을 통해 감정과 의미가 전달된다. 어떤 감동적인 말이나 경청의 자세 이상으로 서로를 유대감으로 이어준다. 이것이 진짜 소통이 아닌가.

웃음과 위선으로 포장된 가짜 소통이 범람하는 시대에 오히려 이런 방식의 소통이 더욱 본질적이며 효과적이지 않을까. 불쑥 군대가 사람을 만들어준다는 말이 어쩌면 무리한 억지는 아닐지도 모른다는 생각이 든다. 한반도의 특수한 상황에서 군대는 남북을 아우르는 중요한 문화적 키워드가 아닐 수 없다.

우리는 구글맵을 검색해서 근처 사격장을 찾은 뒤 서둘러 출발했다. 그러나 우리 둘 다 사격장에 가본 것은 처음인지라 여러 가지가 어리둥절하기만 했다. 직원은 매우 무뚝뚝한 사람이었는데, 우리가 알아듣는지 마는지는 상관치 않고 자기 할 말을 쭉 해버린 다음 종이 한 장을 주었다.

우리는 직원의 영어는 알아듣지 못했지만 나름 눈치로 알아보고 종이의 모든 항목들에 체크해서 넘겨주었다. 그런데 직원은 총을 쏠 수 없다며 다른 데로 가보란다. 이유도 말해주지 않기에 종이를 다

텍사스에서의 사격. 무기에 매력을 느끼는 것은 적으로부터 스스로를 보호해야 했던 기나긴 진화의 결과물인 듯하다.

시 달라고 해서 살펴보니 체크해서는 안 되는 항목에 체크했던 것이다. 형과 마주 보며 웃고는 다른 종이를 잘 읽어보고 다시 체크했다. 드디어 총을 쏘게 되었다.

우리는 소총과 권총을 합쳐 각각 200발쯤 쐈다. 나는 권총은 처음 쏴봤는데 생각보다 잘 안 맞았다. 성하 형은 권총을 정말 잘 쐈다. 대신 나는 소총은 잘 맞았는데 속도사격으로 40발에 398점을 맞혔다. 침착하게 천천히 쏜다면 400점도 어렵진 않을 것 같았다.

정말 원 없이 탕탕거리며 쐈고, 무의식에 잠재해 있던 공격 본능이 다소 해소되는 느낌이었다. 우리는 각자 스스로를 충분히 증명했고 목표판을 전리품인 양 챙겨서 집으로 돌아왔다.

저녁은 오스틴 형이 텍사스 바비큐 맛을 보여준다고 유명한 식당에서 사 가지고 왔다. 숯불에서 24시간 숙성시키면서 굽는다는 텍사스 바비큐는 숯 냄새가 푹 배어 향기로운 맛이 났다. 오스틴이 아끼던 위스키를 내놓았다. 우리는 함께 낮 동안 했던 사격 얘기도 하고, 앞으로의 계획을 논의하며 식사를 마쳤다.

온전치 못한
책의 매력

원래는 아침에 떠날 예정이었지만 오스틴이 직장에서 마무리해야 할 일이 있어 저녁에야 출발할 수 있게 되었다. 성하 형과 나는 낮 동안 할 것을 찾아야 했다.

형의 제안으로 텍사스 전함을 구경하기로 했다. 성하 형은 전쟁사에 관심이 많다. 함께 둘러보면서 전함에 대해 설명해주는데 그 디테일이 장난 아니다. 마치 눈앞에서 전황을 보고 있는 듯이 그려 보이는데 아예 감정 이입을 한 연극배우 같았다. 이런 모습은 처음이라 나도 놀랐다. 전함의 종이 어느 전투에서 포탄을 맞았는지 한쪽 귀가 떨어진 모습이 기억에 남는다. 마치 싸움터에서 백발이 된 옛 무사의 상처 자국 같았다.

성하 형은 전함을 둘러본 후 들른 샌재신토 기념비에서 샘 휴스턴

백전노장의 투구인가? 전함의 종에 포탄 자국이 있다.

장군의 약력에서부터 텍사스의 상징인 론스타의 유래에 이르기까지 열정적으로 설명해줬다. 텍사스의 역사로 한바탕 샤워를 한 느낌이었다. 성하 형은 내겐 호랑이 담배 피우던 시절의 땅따먹기 정도로 인식되었던 텍시언들의 전쟁사를 전투 인원과 사상자의 구체적인 숫자까지 언급해가며 장엄한 서사시로 재현해주었다. 기자가 아니라 작가가 되었어도 성공했을 것 같다는 생각이 들었다.

저녁에 출발이 예정되어 있었으므로 우리는 서둘러 집으로 돌아갔다.

2018년 12월 19일 18시, 우리는 휴스턴을 출발했다. 우리 셋의 진정한 로드 트립이 시작된 것이다. 저녁 식사는 휴스턴을 벗어나기

전의 중국 음식 뷔페에서 해결했다. 기대했던 중국 음식의 맛이 아니었다. 아마도 현지인들의 입맛에 적응된 맛인 듯했다.

식사를 하고 나와서 좀 달리다 보니 비가 내리기 시작했다. 내로라하는 입담꾼 셋이 나란히 차를 타고 달리기는 처음이라 흥미로운 이야기 주제들이 끊이지 않았다. 고속도로 위로 차를 달리다 보니 자연스럽게 고속도로 이야기가 나왔다.

우리가 타고 있는 도로는 I-10 고속도로인데 1957년에 개통되었다. 캘리포니아의 산타모니카 비치에서 시작해 애리조나, 뉴멕시코, 텍사스, 루이지애나, 미시시피, 앨라배마를 거쳐 플로리다의 잭슨빌까지 미국의 남부를 동서로 가로질러 3,959.53킬로미터에 달한다. 오스틴의 주석에 의하면 1950년대 소련의 위협에 대비해 당시 동부에 치우쳐 있던 미국의 무력을 서부로 신속히 이동시킨다는 전략적 목적도 이 도로를 만드는 데 중요하게 작용했다고 한다.

이날 밤 야간 드라이빙의 목적지는 샌안토니오였다. 창밖에선 이미 비가 멎었지만 우리 대화는 멈추지 않았다. 주제는 돌고 돌아 독서에 이르렀다.

오스틴은 탈북 후 연변에서 희귀한 책들을 접하던 감격을 말하며 흥분을 감추지 못했다. 형이 말하는 중에는 내가 북한에서 읽었던 책들도 많아서 듣는 나도 즐거웠다.

그중 카네기의 《인간관계론》이라는 책은 북한에서 파일로 받아서 MP4라는 전자기기를 통해 읽었다. 대학교 2학년 때였는데, 당시에는 카네기가 누구인지, 얼마나 유명한 사람인지도 전혀 몰랐다. 그저 책의 내용에 공감되고 신기할 뿐이었다.

그 책을 읽고 들었던 생각은 '자본주의 세계의 인간들이 저런 책을 읽고 있다면 우리는 절대로 그들을 이길 수 없겠구나' 하는 것이었다. 한국에 와서 서점에서 가장 먼저 샀던 책들 중 하나였는데 정작 지금까지 한 번도 읽지 않은 채 책장에 꽂혀 있다.

북한에서 책의 가치는 정말 엄청났다. 한국에서는 오히려 선택의 폭이 너무 넓고 자유가 있다 보니 책은 언제든지 읽을 수 있다는 생각에 독서라는 행위가 자꾸 뒤로 미뤄진다. 하지만 북한에서는 책들이 희소하고 내 손에 머무는 시간이 제한되어 있다 보니 정말 한 자 한 자를 씹어 먹듯이 읽었다.

북에서 읽었던 책들은 문장 하나하나가 생생하게 기억나는 데 비해 한국에 와서 읽었던 책들은 지난달 읽은 책의 내용도 가물가물하다. 이런 추억을 떠올릴 때면 풍요와 자유가 마냥 좋은 것이기만 한가 하는 생각이 들곤 한다. 자본주의의 낭비는 확실히 생각해볼 점이 많다.

독서 얘기가 나왔으니 말인데, 어릴 적에 내가 접했던 책들 중 앞장과 뒷장이 제대로 붙어 있는 책은 얼마 안 됐다. 내가 읽었던 《삼국지연의》는 앞 장은 어느 집 아빠의 담배 종이로, 뒷장은 어느 집 아가의 콧물닦이로 사용되느라 유비와 관우, 장비가 도원결의 다지는 호걸스러운 장면이 그만 사라져버렸다. 나는 중학교 때 문학 선생님이 말해주기 전까지 도원결의를 절이나 수도원 같은 데서 맺은 맹세로 오해하고 있었다.

나는 제목도 모른 채 읽었던 책들을 나중에 알게 될 때 느끼게 되는 야릇한 기쁨을 즐겼다. 중학교 1학년 때 다 쓴 공책을 갖고 폐지를 수매하러 갔다가 곰팡이 냄새가 풀풀 나는 옛날 책 꾸러미를 발견했다. 나는 담당자에게 사정사정해서 내가 가져간 폐지와 그 책 꾸러미를 바꾸었다. 그때 얼마나 좋았던가. 그리고 제목도 모르는 책을 정신없이 읽었다. 나중에 내가 읽었던 부분이 박연암의《열하일기》중에 있는〈사씨남정기〉인 것을 알았을 때는 마치 옛 고향 친구를 만난 것같이 기뻤다.

책을 온전하게 다 읽을 수 없다는 것은 안타까운 일이지만, 다른 한편으로는 오히려 상상력에 날개를 달아준다는 순기능도 있었다. 시작과 결말을 모르고 책을 읽다 보면 나중에는 스스로 시작과 마감을 상상하여 스토리를 끼워 맞추게 된다. 어떤 작품들은 나중에 결말을 확인해보고 내가 생각한 것이 더 마음에 들어 혼자서 뿌듯해했던 적도 있다. 이것은 문학 창작을 지망하는 초보자들에게 현재도 유용한 방법이라고 생각한다.

수다와 함께 추억 속을 헤매다 보니 어느새 샌안토니오에 도착했다. 그곳에는 비가 내리지 않은 듯했다. 우리가 머물기로 한 호텔은 100년이 훨씬 넘은 호텔인데 역사적인 곳에서 일한다는 자부심이 직원들을 기쁘게 하는 것 같았다. 엘리베이터가 아주 낡았는데 그것마저 직원들에게는 자랑거리인 듯했다.

우리는 짐을 풀고 근처에 있는 알라모 요새에 가보기로 했다. 이젠 역사적인 전적지를 찾을 때 성하 형의 해설이 없으면 허전하다. 우리는 간단하게 성하 형으로부터 알라모 전적지의 해설을 듣고 주변을 산책했다. 샌안토니오의 첫인상은 아주 산뜻하고 친절하다는 것이었다.

갑자기 어떤 도시의 첫인상을 말할 때, 그것은 어디에서 오는 것인지가 궁금해졌다. 차 문을 열고 첫발을 내디딜 때 처음 코끝에 스치는 바람의 냄새, 처음으로 마주치는 현지인의 표정, 도시에서 처음으로 맛보는 식사의 촉감, 커피의 맛 등 다양한 요소가 작용할 것이다. 샌안토니오의 바람은 따뜻한 우유 맛이었고, 처음으로 마주친 호텔 직원의 인사는 상냥했다. 다음 날 아침 식사를 마치고 커피를 마시고 나면 좀 더 구체적인 정보를 얻게 되리라.

3. 살고 싶은 도시

★★★

좋은 사람들을 만나는 방법

샌안토니오에서 아침 식사와 커피는 내게 중요한 의미가 있었다. 그 결과에 따라 도시의 전체적인 첫인상이 결정될 것이기 때문이다. 용감한 텍사스 용사들의 마지막 숨결이 베갯머리에서 느껴질 거라는 성하 형의 걱정과는 달리 나는 꿀잠을 잤다.

아침에 상쾌한 기분으로 샤워를 마치고 식당으로 내려갔다. 베이컨 하나, 소시지 하나, 그리고 식빵에 계란프라이와 토마토를 끼워 샌드위치를 만들어 먹었다. 기분 탓인지 훌륭했다. 식사 후에 마신 커피도 괜찮았다.

식사를 마치고 우리는 리버워크를 산책했다. 유람선도 탔다. 아직 10시도 안 됐는데 햇빛이 눈부시게 빛났다. 정말 하나하나의 풍경들이 고혹적이고 평화로웠다. 아름다운 풍경들을 마음속에 한 컷 한 컷 사진 찍어두는 심정으로 산책했다. 스케줄만 없다면 하루 종일이라도 걷고 싶은 길이었고 보고 싶은 풍경이었다.

산책을 마치고 함께 커피를 마셨다. 야외 테이블에서 주문했는데 서비스도 훌륭했다. 커피에 각사탕도 따라 나왔기에, 평소에는 커피에 설탕을 넣지 않지만 하나 풀어서 마셨다. 이제는 출발해야 한다.

이 도시에 온 지 겨우 12시간밖에 안 되고 내가 이 도시에 관해 알고 있는 것은 고작 첫인상 정도가 전부였지만, 이 도시가 정말 좋아졌다. 미국에서 지금까지 둘러본 중에서 꼭 살고 싶은 곳을 고르라면 나는 아마 샌안토니오를 고를 것이다.

이날 우리의 목적지는 미들랜드였다. 미들랜드는 원유 재벌들의 본거지로 유명한 곳이자 오스틴 형이 미국에서 첫 걸음마를 뗀 곳이다. 텍사스의 곳곳에 오스틴의 초기 생활 흔적들이 있었다. 그 흔적들마다에서 형이 살아온 삶의 성적표들을 찾아볼 수 있었다.

미들랜드의 환대가 그랬고, 다음 날 가졌던 러벅에서의 점심 식사에서도 그랬다. 오스틴의 지인들은 하나같이 오스틴이 여기서 어떤 삶을 살았는지 말해주고 있었다. 오스틴의 옛 친구들을 만나느라 때로는 우리의 노정이 에둘러지기도 했지만 그 만남들에는 모두 내가 예상하지도 못했던 감동이 있었고 나는 그것을 통해 무언가를 배울 수 있었다.

나는 내심 우리의 여행이 질러가기보다는 에둘러 가는 길이기를

리버워크 산책길의 풍경.
샌안토니오는 살고 싶은 도시였다.

바랐다. 모처럼 형들과 함께하는 시간이 빨리 지나간다는 것이 아쉽기도 했거니와 나로서는 운전이 정말로 신나는 일이기도 했다.

게다가 나는 오스틴이 어떻게 그런 좋은 사람들을 만날 수 있었는지에 대한 수수께끼를 풀었다. 그리고 나도 그 방법대로 살아야겠다고 생각했다. 그 방법이란 다름 아닌 스스로가 좋은 사람이 되는 것이었다. 오스틴 형이 스스로 좋은 사람으로 살았기 때문에 사람들이 형에게 호의를 베풀었고 형이 떠난 뒤에도 기억하고 그리워했다는 것을 그들은 말해주었던 것이다.

러벅을 출발해 뉴멕시코로 가는 길을 평생 잊을 수 없을 것이다. 텍사스의 무연한 평야가 연출하는 황량한 자유로움이 나그네의 감성을 자극했는가. 어린 시절을 바닷가에서 자란 나에게 수평선은 아주 친근한 풍경이다.

나는 텍사스의 지평선을 보면서 어린 시절 수평선을 바라보면서 느끼던 감정을 느끼고 있었다. 게다가 우리 이야기는 북한의 추억으로 풍성했다. 나는 이번 여행을 시작한 이래로 남자 셋이 이렇게 수다스러울 수 있다는 사실에 내심 놀라고 있었다. 게다가 무뚝뚝한 이미지의 북한 남자들이. 어쨌든 오늘도 우리의 이야기 주제는 샘솟듯이 퐁퐁 솟아올랐고 일단 한번 터지면 도무지 멈출 줄을 몰랐다.

우리는 텍사스와 뉴멕시코의 경계를 향해 달리고 있었다. 기적 같은 광경은 여기에서 펼쳐졌다. 평원의 한가운데로 도로와 철길이 나란히 북쪽을 향해 뻗어갔고 자동차는 대평야를 가로지르는 쭉 뻗은 도로를 보란 듯이 달리고 있었다. 오른편에는 끝이 보이지 않는 긴 기차가 함께 달리고 있었다. 왼편의 태양은 졸리는 하품처럼 적황의 노을을 남기며 서쪽 하늘로 기울어지고 있었다. 기차가 뿜어내는 하얀 연기 너머로 희멀건 보름달(신은 바로 12월 21일 정확한 보름날에 우리가 이곳을 지나가도록 허락해주었다)이 창백한 얼굴을 내밀고 점점 사그라지는 태양 빛을 애도하고 있었다.

우리가 본 것은 풍경이라기보다는 오히려 시詩에 가까운 것이었다. 나는 "이것이야말로 신의 작품이다!"라고 소리치고 싶었다. 나는 창문을 열고 "악!" 하고 소리를 질렀다. 형들이 잠깐 놀라는 듯했지만 이내 이해한다는 듯 고개를 끄덕끄덕했다.

나는 내 인생에 저녁 어스름이 찾아오고 마지막 운명을 재촉하는 마차 소리가 들려올 때 이 장면을 떠올린다면 커다란 위로가 되리라는 것을 알았다. 그리고 이토록 아름다운 광경을 볼 수 있도록 허락해준 대자연에, 그리고 함께 해준 두 형에게 감사하리라는 것도 느낄 수 있었다. 앞으로도 내 삶의 탐험은 계속되겠지만, 이보다 더 아름다운 풍경을 볼 수 있을지 의문스럽다. '보시기에 좋았더라' 하고 속으로 되뇌었다.

마치 소나기를 맞은 듯 감동이 지나간 이후에도 나는 한동안 말을 할 수 없었다. 그 긴 기차가 언제 어디로 사라졌는지도 인지하지 못했다. 때로는 감동하는 데도 엄청난 에너지가 필요한가 보다. 그 아름다운 시에 넋을 잃다 보니 셋 중 누구도 사진을 찍어두지 못했다.

텍사스의 유정에서 불길이 깃발처럼 날리고 있다.

나는 오히려 다행이라고 생각했다. 사진으로는 그 광경을 완벽하게 담아내기가 불가능했을 것이고 나중에 그 사진을 보게 되면 마음에 새겨두었던 감동이 식어버릴 수도 있으리라.

이제 사위는 완전히 어두워졌고, 어느 원유 공장의 굴뚝에서는 2~3미터는 실히 될 불길이 깃발처럼 휘날리고 있었다. 어떻게 시작됐는지 모르지만 나는 나의 얘기를 쏟아내기 시작했다. 형들과 알고 지낸 지가 짧지는 않았지만 그동안 한 번도 내 어릴 적 얘기를 했던 적은 없었다. 나는 때로 무언가에 엄청난 감동을 받고 나면 내 안에 있는 것을 쏟아내고 싶어진다.

세뇌는
어떻게 무너지는가

세상 사람들은 북한에서 태어난 한 남자에 대해 운이 좋다고 평가하지는 않을 것이다. 그도 그럴 것이 200개가 넘는 나라들 중에서 유독 북한이라는 독재 국가에서 태어났다는 사실은 인생의 출발선이 그리 화려하지는 않았다는 것을 뜻할 테니 말이다. 게다가 내가 자라던 시절은 북한이 극심한 식량난의 한복판에 있던 시기였다. 하지만 나는 나 자신이 억세게도 운이 좋은 사람이라고 생각한다.

나는 누구나 쉽게 가질 수 없는 세 가지 축복 속에서 어린 시절을 보냈다. 나는 우체국에 가려면 고개를 두 개 넘어야 하는, 황순원의 《소나기》와 같이 아름답고도 슬픈 얘기의 배경이 될 법한 동해 바닷가의 작은 어촌 마을에서 어린 시절을 보냈다. 이것은 내게 자연에 대한 사랑과 감성을 길러준 첫 번째 축복이었다.

두 번째 축복은 따뜻한 사랑과 흔들리지 않는 신뢰로 나를 이끌어 주고 뒷바라지해주신 부모님이었다. 비록 가혹한 운명의 물살에 떠밀려 한적한 시골에 정착했지만, 부모님은 항상 인텔리의 자부심을 잃지 않으셨고, 그 모습에서 나는 고귀함이라는 가치를 배울 수 있었다. 부모님은 그 어려운 환경 속에서도 나에게 교육받을 수 있는 기회를 주셨고, 일단 내가 스스로 판단할 수 있다고 확신한 이후로는 나의 생각을 신뢰하고 나의 선택을 존중해주셨다.

나에게 세 번째 축복은 가난이었다. 먹고 싶은 빵 조각을 동생에게 내밀면서 나는 책임감이란 무엇인가를 배웠고, 이 세상에는 나의 단순한 욕구를 충족시키는 것보다 더 기쁜 일들이 많다는 것도 배웠다. 가난한 것이 즐거운 것은 아니지만 내게는 결코 불행은 아니었다. 가난이 나를 조숙하게 만들었고 가난으로부터 오는 그 허전함을 채우려는 갈구가 나를 읽기와 쓰기로 인도했던 것 같다.

이 세 가지 축복 중에서도 으뜸가는 축복은 부모님이다. 내가 열두 살 때 어머니는 더 이상 나를 시골의 열악한 교육 환경에 방치하면 안 되겠다고 판단하셨다. 당시 우리 집 형편으로 나를 공부시킨다는 것은 어불성설이었지만 부모님은 집안의 명운을 거는 심정으로 나를 도시로 내보내셨다. 결국 나는 기숙학교를 다니게 되었는데 이것은 또 다른 행운을 가져다준 기회가 되었다. 부모님이 아니었다면 지금쯤 나는 북한의 시골 어촌에서 어부로 살아가고 있을지도 모른다.

고등학교 마지막 여름방학을 마친 우리는 대학 시험 준비에 모두가 지쳐 있었고, 뭔가 재미있는 걸 찾아내고 싶었다. 어느 일요일, 무료함을 달랠 길 없던 나는 기숙사 호실에 있던 구식 아날로그 TV의 채널을 돌리고 있었다. 그래봤자 북한의 유일한 채널인 중앙텔레비전 외에 다른 게 있을 리 만무였지만, 그냥 그렇게 공부하며 받은 스트레스를 풀고 있었던 것이다.

그러던 중 처음에는 착각이라고 생각할 만큼 아주 희미한 신호를 감지했다. 조절하다 보니 TV에서 나오는 신나는 음악이 내 호기심을 자극했다. 함께 있던 룸메이트가 총동원되어 우리들 넷은 그 희미한 신호의 정체를 알아내기 시작했다. 우리는 큰 물통의 철제 손잡이를 뽑아 안테나를 만들었고, 물리 실험을 하고 남은 전선으로 안테나와 TV를 연결했다. 마침내 희미하던 신호가 그런대로 괜찮은 영상과 소음이 섞인 음성으로 만들어졌을 때, 우리는 그것이 남한 TV 방송이라는 것을 알게 되었다.

처음에는 두려웠다. 하지만 바깥세상, 새로운 것에 대한 고등학생의 호기심을 초월할 만한 공포는 아직 이 세상에 없다. 그렇게 우리 넷은 공범이 되었고, 그 후 졸업까지 반년 동안 낡고 초라한 흑백 TV 하나가 우리의 세계관을 영원히 바꿔버렸다. 당시 우리 호실은 말썽꾸러기들로 학교에 정평이 나 있었는데, TV 사건 이후로 갑자기 모두가 얌전히 대학 입학 준비를 위해 열심히 공부한다고 선생님들 속에서 칭찬이 자자해졌다.

수업만 끝나면 약속이라도 한 듯 넷이 모두 모여 호실 안으로 문을 닫아걸고 남한 TV만 봤다. 창문에는 담요까지 치고 밤을 새우며 봤다. 한편 전체 기숙사에 하나밖에 없는 TV를 우리가 독차지했으니 후배들 속에서는 불만이 많았다. 하지만 우리가 제일 만형이었으니 앞에서 대놓고 뭐라고 하지는 못했다. 우리는 기회가 될 때마다 후배들에게 간식을 사주면서 "우리가 졸업하면 너희 호실에 TV를 갖다 놓고 실컷 봐라" 하며 달랬다.

물론 처음부터 완전히 믿고 본 것은 아니었다. 아무래도 세뇌의 영향이 크다 보니 남한의 선전이라고 생각하고 처음에는 드라마나 음악 프로그램들 위주로 보았다. 「6시 내 고향」도 있었고 일요일에는 「전국노래자랑」을 어김없이 진행했던 것으로 보아 방송사는 KBS였을 것이다. 긴가민가하면서 TV를 시청하는 동안 점차 화면 뒤에서 일어나고 있는 일들이 사실이 아닐까 하는 생각을 떨쳐버릴 수가 없었다.

TV를 통해 전해지는 뉴스들은 이러한 의심들을 더욱 부추겼다. 당시는 2006년이었고 그해 10월 북한의 첫 핵 실험이 있었다. 우리는 남한 TV를 통해 북한의 공식 발표보다 먼저 그 사실을 알게 되었다.

또 그때 카타르의 도하에서 아시안 게임이 진행됐다. 뉴스에서 "도하로 가는 길"이라고 소개하면서 스포츠 소식들을 전했다. 결국 한국이 메달 순위 종합 1위로 마무리하는 모습까지 모두 봐버렸다. 그 숱한 인력이 수개월에 걸쳐 그런 거대한 연기를 할 거라는 생각은 안 들었다. 오히려 그것이 연출이라면 더 대단할 것 같다고 생각했다. 미국 영화 「타임머신」을 본 것이 그때쯤이었다. 우리의 뇌는 서서히 '변질'되고 있었다.

한번은 백두산과 관련한 다큐멘터리를 본 적이 있는데, 2008 베이징 올림픽을 계기로 백두산에 대한 중국의 영토 야망을 보여주는 내용이었다. 다큐멘터리는 중국이 올림픽을 계기로 세계인의 인식 속에 백두산을 장백산으로 각인시키기 위해 장백산표 샘물을 수억 병이나 생산하고 있다는 내용을 비롯해서 중국 쪽으로 백두산에 가는 도로 이정표들에서 한국어를 없애고 모두 중국어로 바꾸었다는 내용 등 중국의 영토 야망을 적나라하게 보여주고 있었다. 우리는 그것을 보며 서로가 주먹을 불끈 틀어쥐고 분해했다.

정치적 이슈나 경제적 문제들은 우리가 판단하기에 한계가 있었다. 비교할 수 있는 샘플이 없었기 때문이다. 하지만 확실하게 비교할 수 있는 항목이 있었다. 바로 날씨 정보였다. 당시 북한의 중앙TV는 날씨 정보가 자주 틀려서 주민들은 늘 불만이었다. 하지만 남한 TV를 보기 시작한 뒤로는 날씨를 훨씬 정확하게 예측할 수 있었다.

남한 방송에서 말하는 것이 진실일 것이라고 확신하게 된 결정적인 계기가 있었다. 2006년 12월이나 그다음 해 1월경이었을 것으로 기억된다. 당시 밖에선 눈이 펑펑 내리고 있었고 우리는 그날도 어김없이 TV를 보고 있었다. 뉴스가 끝나고 날씨 정보를 전하는데 서울의 적설량이 늘면서 버스가 몇 분 정도 늦어진다는 내용을 전하고 있었다. 서울에서 우리가 있는 곳까지 직선거리로 500킬로미터도 안 되니 눈이 내리는 건 사실일 것 같았다.

하지만 나는 속으로 '말도 안 되는 소리'라고 생각했다. 북한의 상식으로 비춰 볼 때 그 뉴스는 정말 말도 안 되는 얘기였다. 남한의 KTX급 급행열차도 전기 사정으로 일주일씩 연착되는 게 북한의 현실인데, 버스가 단지 몇 분 늦어지는 것이 뭐 그리 큰 문제라고 저 큰 방송사에서 뉴스로 전하겠는가. 저것이 만약 거짓말이라면 그것을 만들어내는 사람들은 북한의 현실을 그리도 모르는 것인가? 북한을 조금이라도 알고 있다면 누구도 저런 멍청한 거짓말을 지어내지는 않을 것이었다.

그리고 생각했다. 만약 저것이 사실이라면? 그렇다면 엄청난 것이 아닌가. 버스가 몇 분 늦어지는 것마저도 뉴스거리가 되는 저 사회는 얼마나 면밀하게 구조화되어 있고 또 얼마나 발전된 것일까. 생각하면 할수록 저 뉴스는 사실일 수밖에 없을 것이라는 쪽으로 판단이 기울어졌다.

그리고 처음으로 저런 곳에서 제대로 된 공부를 하고 싶다는 생각을 했다. 이것이 내가 탈북을 처음 결심하게 된 시점이었다. 학교를 졸업하고 대학교로 진학하며 나는 언젠가는 꼭 탈북하리라는 결심을 다졌다. 하지만 당시에는 그 결심이 거의 망상에 가까운 것이었다. 나는 탈북에 대한 어떠한 정보도 갖고 있지 않았고, 단지 내가 알고 있는 것은 반년 동안의 TV 시청을 통해 얻게 된 내적 확신이 전부였다. 그리고 그 '망상'은 9년 후에 현실이 되었다.

고향 같은 도시
산타페

내가 형들 앞에서 이렇게 말을 많이 한 것이 처음일 것이다. 정신을 차려보니 어느새 산타페를 가까이하고 있었다. 산타페가 가까워오면서 날씨는 점점 싸늘해졌다. 보름달이 이제 완연하여 하늘 한가운데에서 빛나고 있었다. 산타페는 뉴멕시코주의 주도로 해발 2,100미터가 넘는 고지대에 위치하고 있다. 인구는 10만도 안 되지만, 미술과 문학, 음악 등 문화와 관련된 각종 축제로 흥성이는 문화 관광지다. 실제로 많은 예술인이 이곳에서 창작 활동을 하고 있다.

산타페에 도착해서 보니 길녘에 얼음이 얼어 있었다. 텍사스의 따뜻한 날씨에서 하루도 안 걸려 겨울 나라로 다시 돌아온 셈이다. 우리는 마트에서 대충 요기할 것들을 사서 숙소로 돌아왔다. 형들과 합류하고 나니 좋은 것 중 하나는 더 이상 숙식宿食 걱정을 하지 않게 되었다는 것이다. 오스틴 형이 숙을 맡고, 성하 형은 식을 맡았다. 나는 여행 중에 숙식을 깐깐히 챙기는 편은 아니지만 일단 숙식의 걱정에서 해방되고 나면 그 여행은 천국이 된다. 물론 내가 운전을 주로 맡아서 했지만 그건 여행 중에 해결해야 할 제일 즐거운 일이다.

차에서 그렇게 얘기를 나누고도 우리의 이야기 꾸러미는 자꾸만 풀려나왔다. 이야기의 주제는 북한에서 시작해서 술 얘기로 첨벙첨벙대더니 어느새 탈북을 했다. '하나원' 이야기로 한참이나 돌고 돌아 다시 책 이야기로 넘어왔다. 책 얘기라면 하루 종일이라도 말할 수 있는 사람들이어서 나는 듣는 것만으로도 즐거웠다.

이야기는 다시 북한으로 돌아갔다가 탈북하기를 반복하더니 아시아를 넘어 아메리카로, 쿠바로 천방지축이다. 이야기는 어느덧 브라질의 삼바와 아르헨티나의 탱고까지 결쳐보고서야 드디어 마무리되었다. 나는 산타페의 아침을 기대하며 꿈속으로 굴러떨어졌다.

아침에 일어나 밖으로 나가니 너무도 화창한 고산의 날씨가 잠을

산타페의 어도비 스타일 건축물. 둥글게 처리한 모서리와 은은한 진흙 색깔이 독특한 미적 분위기를 자아낸다.

확 달아나게 해주었다. 공기가 얼마나 건조한지 숨을 깊게 들이마시면 폐가 마르는 느낌마저 들었다. 우리는 아침을 간단하게 요기하고 시내 구경을 나섰다.

아직 이른 시간이어서인지 거리에는 사람이 많지 않았다. 어젯밤 어둠 속에서 보았던 어도비 스타일 건축 양식이 훨씬 더 매력적으로 다가왔다. 어도비 스타일은 스페인이 이 지역을 지배하던 시기에 부활한 푸에블로 원주민들의 전통적 건축 방법이다.

벽돌을 전혀 쓰지 않고 지붕은 평평하며 모서리를 둥글게 처리한 것이 미적으로 매우 독특한 분위기를 연출한다. 직각 직선의 아파트에 멀미를 느끼는 나에게 이 부드러운 곡선은 이상한 친근감을 주었다. 나중에 혹시라도 글만 쓰고 살 수 있게 된다면 꼭 어도비 스타일로 집을 짓고 그 속에서 쓰고 싶다는 생각을 했다.

산타페 시내 광장의 가로등에 고추 꿰미를 주렁주렁 드리운 모습이 인상적이었다. 마치 북한에서 가을이면 고추를 꿰어 처마 밑에 매달아놓는 것과 비슷했다.

또 한 가지 우리 문화와 비슷하다고 느꼈던 것이 장승이다. 세부적인 디테일에서 조금 차이가 있긴 하지만 가는 곳마다에서 보이는 장승들의 얼굴 찡그린 모습이 친숙하게 느껴졌다. 다양한 학설들이 있긴 하지만 지금으로부터 12,000~13,000년 전에 베링해를 건너간 인류가 네이티브 어메리칸들의 조상이라고 한다. 그렇다면 푸에블로 원주민들은 우리와 그리 멀지 않은 친척인 셈이다.

시내를 돌아보는데 미술품들과 각종 공예품 가게들이 압도적으로 많았다. 모자를 만드는 가게에 들르니 멋진 모자들이 정말 많았다. 가격을 물어보니 수백 달러에서 수천 달러에 이르기까지 다양한 가격에 다양한 재질의 모자들이었다. 가격이 4,000달러인 모자는 정말 멋졌는데 모자의 구석구석에서 장인의 섬세한 손길을 느낄 수 있었다. 우리는 명칭이 무엇인지도 모르는 교회와 성당을 여러 곳 방문했다. 크리스마스가 멀지 않은지라 들르던 곳마다 축제 분위기였다.

전체적으로 산타페를 돌아보면서 향수를 느꼈던 한편 뭔가 고혹적인 고전미 위에 현대성이 가미된 세련됨을 맛볼 수 있었다. 나중에 내 고향이 산타페처럼 발전하면 좋겠다는 생각을 하며 우리는 또 다음 여정을 향해 출발했다.

우리의 다음 목적지는 그랜드캐니언이었다. 산타페에서 25번 도로를 타고 앨버커키까지 가면 그곳에서부터 40번 도로를 타게 되는데, 이것이 바로 그 유명한 루트 66이다. 인디애나에서 잭 케루악의 《On The Road》를 읽으려고 도서관에서 빌렸었는데 결국 다른 책들에 밀려 반납일이 될 때까지 손도 대지 못했다. 하지만 잭 케루악이 아니라도 미국 문화에서 이 도로가 갖는 위상은 지대한 것이다. 그 이름만 들어도 괜히 낭만에 들뜨게 하는 도로, 이런 것이 바로 전통의 힘이고 문화의 힘인 것 같다.

시카고에 여행 갔을 때 나는 일부러 이 도로가 시작되는 지점을 찾아가 보았다. 뭐 요란한 사인이 있는 것도 아니고 전봇대에 무심하게 간판 하나가 걸려 있는 곳이었지만 마음을 뿌듯하게 하는 무엇인가가 있었다. 길이라는 것은 항상 그것이 가지고 있는 기능 이상의 의미를 주는 것 같다.

역사적으로 이름을 남긴 통치자들이 가장 관심을 기울인 것 중 하나는 바로 길을 어디로 어떻게 낼 것인가 하는 문제였다. 그랜드캐니언에 가려면 66번 도로를 따라가다가 애리조나주의 윌리엄스에서 북쪽으로 꺾어 올라가야 한다. 우리는 이날 저녁 윌리엄스에서 묵기로 했다.

오랜만에 운전이 지루하다는 생각을 하게 됐다. 오스틴이 피곤해하는 나를 대신해 운전을 했다. 황야, 황야 그리고 이따금 우뚝 솟은 바위. 우리는 이 황야에 비만 내리게 할 수 있다면 거대한 농장이 될 텐데 하며 아쉬워했다. 황야의 한복판으로 산맥이라도 하나 지나갔으면 지나가는 구름을 잡아 비를 내려줄 수 있었을 것이라는 희떠운 소리를 하며 우리는 갈 길을 줄여나갔다.

윌리엄스의 숙소에 도착한 것은 역시 늦은 시간이었고 우리는 상표가 '그랜드캐니언'인 맥주를 사 가지고 숙소로 들어갔다. 성하 형이 헬기 투어를 쏜다고 해서 오스틴 형과 나는 환호성을 터뜨렸다. 맥주를 마시며 일정을 체크한 뒤 우리는 헬기 투어에 대한 기대를 잔뜩 품고 잠자리에 들었다.

4. 여행이라는 공부

★★★

그랜드캐니언 헬기 투어

아침부터 일이 꼬이는 느낌이었다. 오스틴이 운전하고 있었는데, 우리는 그랜드캐니언으로 간다는 생각에 신난 나머지 과속을 인지하지 못하고 있었다. 결국 길녘에 지키고 있던 경찰차에 단속되었고, 오스틴은 특유의 설득력을 발휘했다.

"경찰관님, 당신도 추측하겠지만, 우리는 그랜드캐니언에 간다는 사실에 너무 들떠 있었습니다. 제발 선처를 부탁드립니다."

평소에 나는 오스틴이 그토록 사교적인 중저음으로 말할 수 있으리라고는 한 번도 생각해본 적이 없었다. 오스틴은 마치 연인에게 귓속말을 속삭이는 듯한 어조로 말했다. 차에서 내린 오스틴이 음성을 낮추면 낮출수록 경찰관은 오스틴 쪽으로 허리를 굽히고 집중해서 듣는 모양새였다. 둘이서 한참 담소라도 나누는 듯 얘기를 주고받더니 함께 우리 차 쪽으로 다가왔다. 그리고 경찰관이 명언을 남겼다.

"여러분이 신난 건 알겠는데 서두를 필요가 전혀 없어. 그랜드캐니언은 백만 년 전에도 거기에 있었고, 앞으로 백만 년 후에도 거기에 여전히 있을 거야."

정말 멋진 말이 아닌가! 그는 경찰관보다 시인이나 작가가 더 적성에 맞는 직업일 것 같았다. 오스틴은 단순 경고를 받았고 우리는 함께 기념사진을 찍고 악수까지 하고 헤어졌다. 단속으로 조금 지체되는 바람에 우리는 아슬아슬하게 시간에 맞춰 예약 장소에 도착했다.

헬기 투어 장소에 도착한 나는 난생처음 경험하는 헬기 탑승을 앞두고 조금 긴장했다. 형들은 아무렇지도 않은 듯했다. 나는 승용차, 선박, 비행기를 포함한 모든 종류의 차량에 대해 멀미를 모르는데 엘리베이터만 타면 멀미를 한다.

내가 이런 말을 하면 사람들은 믿지 않는다. 나 스스로도 놀랍다. 그 원인이 심리적인 것이든 생리적인 것이든 사실은 사실이다. 다행히 나는 1층에 살고 있다. 탑승 준비를 하는데 엘리베이터를 탈 때처럼 가벼운 어지럼 증상이 나타났다. 내심 걱정이 됐지만 아무 내색도 하지 않고 있었다.

드디어 헬기에 올라 착석하고 하늘로 날아올랐다. 정작 타고 나니 멀미 걱정은 까마득히 사라졌다. 밀림을 하늘 위에서 내려다보니 문학에서 말하는 전지적 시점이라는 게 이런 거구나 하는 생각이 들었다.

수림 위를 10분 정도 날아 이제 그랜드캐니언에 진입했다. 거대한 협곡 사이로 날고 있는 헬기 모습이 멀리서 보면 초라할 것 같다는 생각이 들었다. 그랜드캐니언은 이번이 두 번째였는데 확실히 보는 시점이 달라지니 느낌도 달랐다. 바로 아래로는 콜로라도강이 흐르고 절벽을 마주 보며 날고 있으니 새들의 자유로움을 간접 체험해보는 느낌이었다.

헬기 투어를 마치고 돌아와서 이번에는 험비로 투어를 했다. 차를 타고 주요 포토 존마다 세워주고 사진을 찍는 식이었다. 나는 차를 타고 이동하기보다는 오히려 천천히 산책하며 돌아보는 게 더 좋았다.

투어를 마치고 돌아오면서 차 안에서 소감을 나눴는데 두 형들은 기대를 너무 많이 한 탓인지 큰 감동을 못 받은 것 같았다. 나는 물론 좋았지만 지난번만큼은 아니었다. 지난번에는 굉장히 벅찬 감동을 받았었다.

그때 써두었던 글이 있다. 잘된 글은 아니지만 지금 보아도 그때의 감동을 생생하게 느낄 수 있다.

누구라도 자연의 경이로움에 한 번쯤 감탄해보았을 것이다. 나 또한 그랬다. 자연이 주는 감동은 늘 신선한 것이지만 이 경우 더 이상 감탄은 무의미했다.

관중의 호응에 연연하지 않는 노련한 배우마냥 더 이상 인간의 감탄을 필요로 하지 않는 자연 경관들이 있다. 그랜드캐니언이 그렇다. 반쯤 벌어진 입 사이로 가벼운 신음 비슷한 것이 흘러나왔다. 미세한 전율에 오한마저 느껴진다.

이 느낌을 표현할 적절한 말이 떠오르지 않는다. 경이의 극치, 이곳을 표현하기에는 너무도 평범한 이 말밖에는 떠오르지 않는다. 이 거대한 대자연과 지구라는 푸른 행성, 나아가서 우주와 연결된 아주 작은 티끌 같은 존재, 내가 보인다.

내 몸을 똘똘 감싸고 있던 교만의 허울이 훨훨 벼랑 아래로 날려간다. 바위 위에 덩그러니 놓여 있는 초라한 나의 환영이 보였다. 이 순간만큼은 다른 누구에게 기대고 싶은 마음이 들었다. 만일 존재한다면, 신이라도 믿을 수 있을 것 같았다. 머릿속에서 맴도는 겸손이라는 단어를 애써 지워버렸다. 그런 말을 들먹이는 것조차 교만으로 느껴졌기 때문이다.

비가 내렸다. 창살 같은 소나기가. 자연 앞에 넋을 잃은 한 인간을 조롱이라도 하는 듯, 계곡 아래로 흐르는 콜로라도강 줄기를 닮은 번갯불이 머리 위에서부터 건너편 벼랑 쪽으로 하늘을 조각내며 지난다. 이성주의에서 신비주의로의 전향 신고서라도 낭송하게 하고 싶은 건가. 굵고 긴 천둥소리에 지축이 뒤흔들린다.

몽상에서 깨어나 보니 어느새 검은 구름을 양쪽으로 밀어내며 태양이 내리비친다. 눈부신 햇살에 방금 전과는 사뭇 다른 자태를 드러내는 그랜드캐니언. 수수 천년을 이곳에서 비구름을 맞고 보내더니 이 정도 날씨의 변덕은 애교일 뿐이라는 듯, 자지러지는 햇살의 희롱에도 바위는 묵묵부답이다. 세 시간 동안 멈춰 있던 시간이 그것을 인지하는 단 1초 사이에 머릿속에서 쓱~ 하고 밖으로 빠져나간다.
비에 옷이 젖어본 것이 얼마 만이던가. 소나기로 얻은 감기 기운은 문제도 아니다. 시골 소년이 평양에서 내려온 예술단의 공연을 보고 난 후 느꼈던 기분의 충만함, 초등학교 축구 시합에서 이기고 마음에 차오르던 성취감, 생의 첫 번째 철학서를 완독하며 느꼈던 정신의 고양감, 이 모든 감정을 합친 것과 맞먹는 그 이상의 선물을 패키지로 챙겨 왔다.
벅찬 감정을 추스리는 데만 하룻밤 하루 낮을 바쳤고 지금도 그때의 기억을 마음속에서 꺼내볼 때마다 가슴에서 행복의 물결이 출렁인다. 만사는 과유불급이라, 그랜드캐니언의 일출과 일몰은 어느 날 그 둘의 시차 사이에 있게 될 텐트 속 야영을 위해 아껴두었다. 세상 밖으로 추방된다 해도 영원한 위로가 되어줄 내 젊은 날의 충만한 추억이여!

크리스마스 인
라스베이거스

라스베이거스는 솔직히 내 취향이 아니다. 이번까지 이 도시에 세 번째로 오는 것이지만 올 때마다 잠깐만 머물렀고 그랜드캐니언을 다녀오거나 다른 도시로 바로 옮기곤 했었다. 하지만 이번에는 이곳에서 크리스마스를 보내야 한다. 지난번에 왔을 때 보았던 마이클 잭슨 쇼는 정말 재미있었다. 마이클 잭슨과 똑같이 분장하고 그의 노래와 춤을 재현하는 쇼였는데 동행했던 친구 한 명은 공연이 끝날 때까지 진짜 마이클 잭슨이 공연하는 줄 알았다고 해서 큰 웃음을 주었다.

나는 네온사인이 화려한 도시보다 시골에서 별똥별을 바라보는 것이 더 좋다. 만약 미국 전역을 돌아볼 수 있는 시간이 주어진다면 나는 도시들을 둘러보기보다는 차라리 텐트를 메고 국립공원을 둘러볼 것이 확실하다.

라스베이거스로 가는 길에서 보았던 기이한 모양의 돌들로 가득한 돌산이 기억에 남았다. 북한에 있을 때 했던 컴퓨터 게임 중에 'Age of Empires'라는 게임이 있었는데 거기서 나오는 돌산이랑 신통히도 닮았다. 게임 개발자들이 원형을 저기서 찾은 것이 아닐까 하는 생각을 떨쳐버릴 수가 없었다.

도시에 도착하여 다운타운 지역을 잠깐 둘러보고 숙소로 돌아왔다. 호텔의 1층에 있는 카지노에서 성하 형이 준 용돈으로 슬롯 머신을 조금 해보다가 다 털리고 올라갔다.

다음 날은 하루 종일 시내를 돌아다녔는데 역시 별로 재미가 없었다. 제일 기대되는 것이 그래도 숙소와 음식이었다. 지금까지 오면서 들렀던 숙소 가운데 제일 편했고 음식도 제일 맛있는 편이었지만 도시 자체는 별로였다. 자본주의를 즐기려면 아직 적응을 해야 하는 것인가? 아마도 나는 평생 자본주의에 완전히 적응하지 못할 것 같다.

저녁에는 오스틴이 아는 형과 함께 밥을 먹었다. 아주 멋진 형이었다. 나도 여행을 좋아하지만 그 형은 나보다 더 여행광이었다. 그 형은 한번 여행을 가면 한 곳에 몇 달씩 머물면서 현지인들의 삶을 관찰하는 것이 취미란다. 내가 항상 하고 싶지만 시간과 돈이 허락지 않아 못 하는 것을 하고 있다니 뭔가 동지 의식 같은 것이 생겼다. 어쨌든 그 형 덕분에 맛있는 밥도 먹고 라스베이거스의 지루함에서 벗어날 수 있는 탈출구를 찾은 느낌이었다.

나는 아직도 크리스마스가 명절이라는 것이 실감 나지 않는다. 크리스마스 선물과, 순록이 끄는 썰매를 타고 와서 굴뚝을 타고 들어오는 산타클로스 할아버지의 매혹적인 이야기에 세뇌되지 않은 것에 감사해야 하나. 30년 중 26년을 모르고 살았던 명절에 갑자기 적응하는 것은 '수령님' 생일을 잊어버리는 것만큼이나 쉽지 않은 일이다.

나는 명절이지만 별로 기대도 없고 설레지도 않았다. 그보다 식당들이 휴업을 하면 굶게 될까 봐 더 걱정이 컸다. 다행히 점심은 어제 저녁에 만났던 형의 추천으로 베트남 쌀국수로 해결했다. 드디어 이제 LA로 출발한다.

LA에서는 오스틴의 친구인 지은의 집에서 묵기로 했다. 오스틴이 친구들과 온다는 소식에 지은이 자신의 집으로 초대한 것이다. 지은의 아버님이 손수 끓여주신 이태리식 해물 수프에 상이 넘치도록 차려놓은 음식들을 나누며 많은 이야기를 나눴다. 지은의 어머님은 그림도 그리고 서예도 하고 계신다고 했다. 그래서인지 집 안의 벽면마다 작품들이 걸려 있었다.

저녁을 먹고 와인을 마시며 성하 형의 탈북 스토리를 들었는데 정말 감동적인 이야기였다. 언제가 성하 형의 글을 통해 읽은 적이 있지만, 직접 본인의 입을 통해 들으니 가슴이 뭉클했다. '소설보다 더 소설 같은 이야기라는 것이 바로 이런 것이구나' 하는 생각이 들었다.

다음 날 아침 일어나니 오스틴과 지은이 영어로 뭔가를 토론하고 있었다. 성하 형과 나는 커피를 한 잔씩 들고 동네를 산책하기로 했다. 어제는 밤에 도착해서 몰랐는데 밝을 때 보니 새로 만들어진 것 같은 주택 단지였다.

성하 형은 미국에 사는 게 별로라지만 나는 기회가 된다면 미국에서 살고 싶은 마음이 없지 않다. 이왕이면 샌안토니오 같은 도시에 어도비 스타일로 집을 짓고 사는 것이다. 아니면 평생을 여행하며 떠도는 나그네로 사는 것도 괜찮은 삶의 방법인 듯하다. 성하 형은 어떻게 사람이 그렇게 살 수 있느냐고 얘기하지만, 나는 얼마든지 그렇게 살 수 있을 것 같다. 나이를 먹어봐야 안다는 성하 형의 일장 훈시가 시작됐다.

이런저런 얘기를 하고 산책에서 돌아와서 커피를 한 잔 더 마셨다. 성하 형은 어느새 출발할 준비를 마쳤고 우리도 슬슬 짐을 챙겼다. 우리는 지은의 부모님께 감사 인사를 드리고 샌디에이고로 향했다.

나중에 내가 여행을 마치고 인디애나로 돌아간 후 지은의 어머님께서 타지에서 공부하느라 고생한다고 갖가지 한국 음식을 챙겨서 택배로 보내주셨다. 나는 잠깐의 인연도 귀하게 여기고 마음 쓰시는 그분들에게 감동했다. 덕분에 나는 인디애나 오지에서 때 아닌 냉면도 맛볼 수 있었다. 생각해보면 2018년의 크리스마스는 정말 뜻깊은 날이었다. 좋은 사람들과 함께 보내는 기억들을 통해 크리스마스는 나에게도 크리스마스가 되어가는 듯하다. 지금도 그때를 떠올리면 지은과 그녀의 부모님에 대한 감사함이 그윽이 차오른다.

샌디에이고로 가는 길에서 두 형들이 적응에 대한 얘기를 하고 있었다. 나는 운전을 하면서 주로 이야기를 듣고만 있었다. 이따금 사람들이 "이제 적응 다 했네" 하고 말할 때가 있다. 물론 칭찬으로 해주는 말이겠지만, 이 말은 나를 가끔 슬프게 한다. 적응되어간다는 것은 무엇인가? 그것은 새로운 가치관이 몸에 배어간다는 것이며, 동시에 다른 가치관으로부터는 벗어난다는 뜻이다. 그것은 한 사회에 스며든다는 뜻인 동시에 한 사회로부터는 멀어진다는 뜻이기도 하다. 그것은 새로운 친구들을 사귀어간다는 말인 동시에 옛 친구들을 잊어간다는 말이기도 하다.

나중에 10년, 20년이 지난 뒤 옛 친구들을 만난다면 우리는 여전히 서로의 우정을 확인할 수 있을까. 설사 서로의 가치관이 다르다 해도 여전히 친구로 잘 지낼 수 있을까. 너무 감상적인지는 몰라도 적응에 관한 이러한 생각들이 때로는 나를 슬프게 한다.

샌디에이고 방문은 두 번째였다. 하지만 내가 직접 운전하고 간 것은 처음이라 첫 방문 같은 기분이었다. 두 형의 이야기는 쉽게 끝날 기색이 아니었다. 이따금 차창 밖으로 보이는 태평양은 가슴이 뻥 뚫리도록 시원하게 펼쳐져 있었다.

나는 머릿속으로 앞으로의 스케줄을 정리해보았다. 오스틴은 다음 날 휴스턴으로 돌아가야 한다. 직장에 일이 있어서 라스베이거스에서 휴스턴까지 비행기로 돌아갈 예정이었다. 다음 날 저녁에는 렌터카도 반납해야 한다.

성하 형과 나는 LA에서 그리 멀지 않은 조슈아 트리 국립공원으로 가기로 했다. 멀지 않다는 게 사실은 250킬로미터가 넘는다. 조슈아 트리 국립공원은 사막 한가운데서 자라고 있는 선인장 나무가 유명한 공원이다. 언제부터 한번은 사막에서 밤을 새워보고 싶었던지라 차박을 할 수 있는 대형 SUV를 빌려서 가기로 했다.

이틀 뒤, 그러니까 28일이 친구의 결혼식이다. 사실 내 친구는 아니고 내게 친어머니와도 같은 분의 딸 결혼식이다.

2016년 여름, 탈북한 지 1년 정도밖에 되지 않았던 나는 밤낮으로 자본주의의 동전을 굴리고 있었다. 그 동전은 성취감과 냉정함이라는 양면을 갖고 있었다. 뭐랄까, 낮에는 정신없이 공부하고 일하고 사람들을 만나고 하면서 내가 노력하는 것의 보상을 받으며 그 성취감에 취해 있었고, 밤에는 절해고도와 같은 내 아파트에서 자기 자신밖에는 돌볼 겨를이 없는 이 사회의 냉정함에 적응해가고 있었다. 그리고 이것이 자본주의의 당연한 모습이라고 생각하고 있었다. 그러나 LA에서 두 달 동안 어학연수를 하면서 자본주의가 결코 같은 모습이 아니라는 걸 느낄 수 있었다.

특히 연수 기간에 미국에 살고 있는 교포분들을 만나면서 묘한 동질감과 혈육의 정 같은 것을 느낄 수 있었다. 그분들 중에 나를 친자식처럼 아껴주고 나 또한 친부모처럼 따르고 싶은 분이 계셨다.

처음에는 그분이 키우는 'Toki'라는 강아지의 이름을 따서 '토끼맘'이라고 불렀는데, 나는 이제 맘이라고 부른다. 탈북 이후로 나는 맘이라는 말을 쉽게 쓰지 못했다. 고향에 계신 어머니 생각에, 다른 누군가에게 함부로 맘이라는 말을 쓴다는 것에 죄책감이 느껴졌기 때문이다. 하지만 내가 이제 자의식 없이 맘이라고 부를 수 있는 한 사람이 바로 이분이다. 아마도 마음 쓰시는 것이 내 친어머니와 비슷하기 때문일 것이다. 나의 친어머니가 그랬듯이 나의 가치관을 지지해주고 내가 혹시라도 실의에 빠질 때 항상 믿고 용기를 주신다.

멀리에 살아 자주 뵙지는 못하지만 내 신상에 좋은 일이 생기면 제일 먼저 알려드리고, 그분은 그 소식을 들으면 친자식의 일처럼 제일 반가워하신다. 자본주의라는 생소한 세계에서도 나는 결코 혈혈단신이 아니라는 것을 확신하게 해주셨고, 자본주의 동전의 냉정한 그늘에 끼어 있던 성에를 녹여주셨다.

북한에 계신 나의 친어머니도 내가 맘이라고 부를 수 있는 또 다른 어머니가 있다는 것을 알면 기뻐하실 거라고 확신한다. 편견일지도 모르지만 아들들은, 특히 북한 아들들은 대부분 무뚝뚝하다. 지금 이 순간, 나의 두 분 어머님들께 가장 따뜻한 존경과 감사의 인사를 드리고 싶다.

다음 날에는 비행기로 샌프란시스코로 넘어가서 요세미티 국립공원에서 새해를 맞이하기로 계획했다. 페이스북 친구 중에 요세미티에서 투어 사업을 하는 아이크라는 분이 계셨는데 언제든지 기회가 되면 놀러 오라고 했었다. 그래서 연락을 드렸는데 마침 성하 형도 좋다고 해서 연락을 취해 2박 3일로 예약해놓은 상태였다.

우리는 샌디에이고에서 와인과 해산물로 푸짐하게 저녁을 먹고 숙소로 갔다. "멕시코로 넘어가, 말아?" 하며 위스키를 마셨고, 나중에 밖으로 나가 오스틴이 챙겨 온 시가의 연기를 멕시코 쪽으로 불어 보냈다. 위스키는 나를 취하게 하지는 못했지만, 결국 시가에 취해 꿈나라로 갔다. 잠결에 멕시코로 가는 꿈을 꾸었다.

사막의
하룻밤

오전에 샌디에이고를 좀 돌아보고 LA로 올라가는 도중, 관광객들에게 유명한 라호야 비치에 들렀다. 비치는 물개들로 장관이었다. 그야말로 사람 절반 물개 절반이었다. 어떤 녀석들은 관광객들이 이젠 익숙하다는 듯 아무 거리낌 없이 인증 샷을 찍는 사람들 사이로 활개 치며 지나다니기도 했고, 어떤 녀석들은 너럭바위 위에서 낮잠을 자고 있었다. 또 어떤 녀석들은 몽유병 환자처럼 자다가 갑자기 일어나 바다로 풍덩 빠지기도 했다. 한 녀석은 배를 하늘로 향하고 코를 고는 와중에도 매너는 잃지 않고 지느러미 같은 두 손으로 부끄러운 부분은 사뿐히 가리고 있었는데, 그 모습이 마치 누가 연출이라도 해놓은 것 같았다.

우리는 마주 보며 낄낄대다가 해변을 떠나 잔디 쪽으로 가서 벌렁 드러누웠다. "하늘은 푸르고 내 마음 즐겁다" 노래가 저절로 흘러나왔다. 하루 종일이라도 잔디밭에서 뒹굴고 싶었지만 오스틴이 비행기 시간을 맞춰야 했기에 우리는 잠시 후 다시 출발했다.

오스틴이 떠나기 전 우리는 인앤아웃 버거를 먹었다. 버거는 별로라던 성하 형도 맛있게 먹는 것 같았다. 아쉬운 마음으로 작별 인사를 나누고 다음 만남을 기약하며 오스틴은 공항 안쪽으로 사라졌고, 성하 형과 나는 허전함에 입만 실룩실룩하고 있었다. 당시에는 우리 둘 다 아직은 어떤 시련들이 우리를 기다리고 있는지 알 수 없었다.

렌터카 반납까지는 계획대로 잘 진행되었다. 하지만 예약해놓은 다음 렌터카를 받으러 가보니 업체는 이미 문을 닫았고 다음 날에야 차를 받을 수 있다고 했다. 여기가 미국이라는 것을 잊었던 것이다.

사막행은 하는 수 없이 하루 미뤄졌고, 결혼식 참석 후 바로 출발하기로 했다. 부랴부랴 계획에도 없던 호텔을 예약했는데, 체크인하는 데 무려 1시간이나 걸렸다. 호실에 입실하고 긴장이 풀리니 이제 배고픔이 우리를 덮쳤다. 오스틴이 없으니 그동안 형이 얼마나 큰 역할을 해주고 있었는지를 알게 되는 것 같았다.

우리는 호텔을 나와 택시를 타고 한인 타운으로 향했다. 거리는 괴괴했고 당장이라도 골목에서 괴한이 튀어나올 것만 같았다.

2년 전 어학연수 할 때 약 80킬로미터 거리를 자전거를 타고 나와 2박 3일 동안 여행한 적이 있다. 당시에는 LA에 아는 사람도 전혀 없고 영어 실력도 형편없을 때라 늦게까지 싼 호텔을 찾는다고 한인 타운을 돌아다녔다. 무식하면 용감하다고 겁도 없이 밤 10시에 한인 타운에서 헤매다 뒤늦게야 험악한 상황을 깨닫고 황급히 눈에 띄는 사우나에 들어갔었다. 하지만 그곳에도 자리가 변변치 않아 거인 같은 흑인 아저씨들 사이에서 잤던 적이 있다.

그때는 몰라서 용감할 수 있었지만 알고서 이 거리를 헤매자니 메콩강을 다시 건너는 느낌이었다. 우리는 마치 난민캠프로 뛰어들듯 겨우 찾은 한식당으로 들어갔다. 안도감과 함께 순두부찌개와 전으로 배를 채우고 우버를 불러 호텔로 향했다.

다음 날 신형 캐딜락 SUV 차량을 빌렸고 모든 일정이 계획대로 진행되었다. 저녁 전까지는……. 하지만 그 이후에 벌어진 일들은 성하 형 말대로 공포의 표류기였다.

우여곡절 끝에 결국 우리는 늦은 저녁 조슈아 트리 국립공원으로 향했다. 당시 미국에서 멕시코 장벽 예산을 둘러싼 트럼프 대통령과 민주당 사이의 마찰로 정부가 셧다운된 상태라 국립공원에는 입장료를 받는 사람도 없었다. 우리는 조금 미안함을 느끼며 무사통과했다.

사막의 추위는 나의 상상을 훨씬 뛰어넘었다. 모래 위에 앉아서 맥주를 마시며 별을 바라보리라던 낭만은 사막의 추위에 30초도 못 돼서 부서지고 말았다. 하지만 보름이 지난 지 벌써 닷새가 넘었지만 사막 위를 비추는 달은 정말 아름다웠다. 창백한 달빛에 드러나는 사막 특유의 로맨틱한 분위기는 턱이 덜덜 떨리는 추위에도 가려지지 않았다.

추위는 우리의 낭만을 뺏어간 대신 권주가를 불러왔다. 우리는 차 뒷좌석을 취침 모드로 눕혀놓고 술잔을 기울이기 시작했다. 하지만 그리 아름다운 자세는 아니었다. 성하 형 표현대로라면 닭장에 갇힌 평양 닭들처럼 차 천장에 머리를 부딪치며 목을 한쪽으로 기울이고 술을 조금씩 넘겨야 했다. 하루 동안 지치고 사막의 추위에 얼었던 몸에 술이 들어가니 몰려드는 졸음을 물리칠 여력이 더는 없었다. 우리는 일출을 볼 수 있도록 알람을 맞춰놓고 사막 한복판에서 잠들었다.

다음 날은 알람도 울리기 전에 깨어났다. 날이 밝아오니 주변의 바위와 선인장들이 천연색으로 살아났고 마치 동화 속에라도 들어온 것처럼 주변이 비현실적으로 느껴졌다. 우리는 서둘러 시동을 켜고 해돋이 포인트로 유명한 키즈뷰로 이동했다.

산 중턱에 오르니 바람이 얼마나 세찬지, 살짝만 점프하면 몇 미터씩 날려갈 것만 같았다. 게다가 춥긴 왜 그렇게 추운지……. 그 추위와 바람이 북한의 김장철을 연상시켰다. 우리 지방은 보통 11월 말경에 김치를 담그는데 배추를 그물로 된 망태기에 넣고 바다에 10시간 정도 담가둔다. 그러면 배추가 아주 완벽하게 절여진다. 내 고향 앞바다는 워낙 맑고 깨끗해서 두부를 만들 때도 바닷물을 길어다가 두부를 굳히는 초물로 쓴다. 바다에서 배추를 절이면 김치 맛이 좋아지고 소금도 절약할 수 있지만 가장 큰 문제점은 바람 사나운 북쪽의 초겨울에 야외에서 물에 손을 적셔가며 커다란 김치 망태기를 건져내야 한다는 것이다. 쌩쌩 부는 바람에 언 손을 호호 불어가며 김치를 담그는 일은 고역이다. 그래서 북한에서 김치 담그는 과정을 '김장전투'라고도 부른다.

사막에서 일출을 기다리며 바다의 '김장전투'를 떠올린다는 것은 뭔가 계시처럼 느껴졌다. 고됨 속에서도 낭만을 발견할 것.

잠시 후 떠오르는 해를 보니 마음이 벅차올랐다. 온통 불붙는 듯한 사막의 모습을 바라보노라니 "오 솔레 미오"라도 한바탕 불러야 할 것만 같았다. 높은 곳에서 내려다보니 넓은 사막에 어릴 적 바닷가 모래 위에 장난으로 만들어놓았던 길같이 도로가 구불구불 나 있었다. 우리는 좀 더 깊은 곳으로 들어가 보기로 했다. 인터넷은 됐다 안 됐다를 반복했다. 사막 탐색전의 중간에 멋진 뷰를 발견하면 차를 세우고 사진을 찍고 동영상을 촬영했다.

오스틴이 떠난 이후에 성하 형은 좀 더 개구쟁이 모습을 자주 드러냈다. 마치 식물 채집 실습에 나온 초등학생처럼 선인장의 잎도 만져보고 껍질도 관찰하고 나무 밑동을 발로 툭툭 차보기도 했다. 사막의 낭만이 형의 깊은 곳에 숨어 있던 동심을 흔들어대고 있는 것인지도 모르겠다. 우리는 집시처럼 이곳저곳 마음이 내키는 곳으로 차를 몰아갔고, 멋진 곳을 만나면 내려서 풍경을 만끽했다.

돌아오는 길에 성하 형은 많이 피곤했었는지 코를 골며 잠을 잤다. 자동차 여행도 오늘로 마지막이다. 나는 아쉬움을 느꼈다. 한편으로는 인디애나에서 LA까지 처음에는 부들부들 떨면서 시작한 운전을 아무 사고 없이 잘 마무리 지은 것이 뿌듯했다. 오늘 저녁에는 하늘길로 여행하게 된다. 아이크와는 내일 아침에 만나기로 되어 있었다. 오늘 밤에 무사히 샌프란시스코에 도착하기만 하면 된다.

우리는 LA에 도착하여 시간이 남았기에 게티 센터에 가기로 했다. 나는 LA에 3번 올 기회가 있었는데 그때마다 2~3번씩 게티 센터를 방문했다. 이번까지 하면 7번째다. 이곳은 위치부터가 명당이어서 LA 시내와 바다까지 한 번에 바라볼 수 있다. 또한 건물 자체가 예술이다. 건물의 재료 전체를 하얀 대리석으로 지어서 멀리에서 보아도 눈에 척 들어온다. 예술품 전시도 잘되어 있지만 정원과 주변 환경도 잘 조성해놓아서 가족이나 친구들과 함께 나들이하기도 좋고 야외에서 어린이들을 위한 이벤트도 제공해준다. 한번은 이곳에서 유명한 합창단의 야외 공연도 보았다. 그리고 가장 중요한 것은 이 모든 게 무료로 제공된다는 점이다. 우리는 게티 센터에서 미술 감상과 근사한 식사, 잔디밭 위의 달콤한 식곤증 해소를 세트로 즐기고 그곳을 떠났다. 렌터카도 잘 반납했고 공항으로 갔다.

하지만 공항에서 마지막 수난이 기다리고 있었다. 이번 비행기 티켓은 내가 구매한 것이었다. 티켓 검사에서 뭔가 이상이 생겨 성하 형을 당황케 할 법한 일이 다시금 생겼다. 그러나 형은 이런 상황에 이젠 익숙한 듯 생각보다 차분해 보였다. 오히려 "시비가 생기면 소송거리나 적어도 기삿거리 하나를 건질 수 있었을 텐데" 하며 농담까지 했다. 어떤 상황에서도 유머를 잃지 않는 낙관주의자가 바로 성하 형이다. 우리는 샌프란시스코에 도착하여 만 근처에 있는 숙소에 짐을 풀었다.

요세미티
장학금

다음 날 아침 우리는 아이크를 만났고 잊을 수 없는 요세미티 투어가 시작되었다. 여기서부터는 성하 형이 공인이 되는 순간이었고, 아쉽게도 성하 형의 개구쟁이 모습도 더는 볼 수 없었다. 투어 참여자들 중에 북한에 관심 있는 사람이 많아 형의 이야기가 대중 강연처럼 진행되다 보니 둘이 얘기 나눌 시간이 거의 없었다.

요세미티는 정말 장엄했다. 하지만 이것은 내 감동에 비하면 너무 평범한 말이다. 아득한 산 중턱에서 바라보니 아름드리나무들이 마치 성냥개비 같아 보였다. 하늘로 곧추 뻗어 올라간 엘 캐피탄의 늠름한 자태며 노을빛을 받아 숯같이 이글거리는 하프돔의 형상, 그리고 이곳저곳에서 하얀 물보라를 일으키는 폭포들, 하늘과 산, 수림, 그리고 내 모습까지 모두 비춰주는 '거울 호수Mirror Lake' 등 천혜의 자연이 준 비경들을 이 골짜기에 다 모아놓은 듯하다.

공원 안에 있는 식당에서 저녁 식사를 마치고 돌아오는 길에 별 구경을 했다. 인디애나에서도 별 구경은 많이 했지만 이곳의 별은 하늘과 좀 더 가까이에 있다는 느낌 때문인지 더 밝고 커 보였다.

알고 보니 아이크는 나와 같은 학교 선배였다. 내가 봉투에 "새해 대박 나시기 바랍니다"라고 적어서 투어 비용을 드리려고 하자 절대로 받을 수 없다고 펄쩍 뛰었다. 나는 고맙지만 그 호의를 쉽게 받아들일 수 없었다. 그분도 뒷바라지해줘야 할 대학생 아들이 있는 부모이니 꼭 받으셔야 한다고 물러서지 않으니 그럼 선배가 후배에게 주는 장학금으로 여겨달라고 하셨다. 그 눈빛에서 나는 말로 표현할 수 없는 따뜻한 무엇인가를 느꼈다. 나는 더 이상 내 주장만 내세우

요세미티 파노라마, 왼편으로 엘 캐피탄이 보인다.

는 게 예의가 아니라는 것을 알았다. 공부 열심히 하고 훌륭한 사람이 되라는 선배의 간곡한 당부로 생각하고 고맙게 받았다.

나는 요세미티의 자연 속에서 받은 이 장학금을 '요세미티 장학금'이라고 명명했다. 지금까지 다양한 장학금을 받아왔지만 '요세미티 장학금'처럼 로맨틱한 장학금은 현재까지도 없었고 앞으로도 없을 것이다. 잠깐 밖으로 나왔는데 요세미티의 겨울이 훈훈해진 느낌이었다.

이따금 내게 이렇게 묻는 사람들이 있다.

"그렇게 여행만 다니면 공부는 언제 해?"

나는 이렇게 대답한다.

"여행만 한 공부가 있나요, 뭐."

별로 만족스러운 대답이 아니라는 것을 안다. 그렇게 질문하는 사람들에게 공부란 학점과 성적으로 정량화되고 평가되는 제한적인 개념이다. 하지만 나는 내가 정말로 믿는 것을 그대로 말한 것이다.

나는 여행이야말로 갑절의 공부라고 생각한다. 여행은 자신을 알게 하고, 타인을 이해하게 하고, 세상을 편견 없이 바라보게 하는 힘을 길러준다.

나는 대학교 강의실에서 배우는 지식들은 연역적 방법의 공부라고 생각한다. 일반적인 법칙들을 통해서 세상을 이해하는 틀을 갖게 되는 과정이라고 할까. 이 방법은 태생적으로 일반화의 오류에 노출

되어 있다.

반면에 여행은 귀납적 방법의 공부다. 여행에서 만나는 자연과 인간들은 하나하나가 이 세상에 하나밖에 없는 교과서들이다. 그 모든 교과서들을 다 읽는다는 것은 어쩌면 비효율적인 공부법일 수도 있다. 하지만 그것은 분명 가치 있는 일이며, 학교에서 배운 지식의 오류를 보완할 수 있는 좋은 방법이기도 하다.

하긴 여행의 정의나 의미가 모두에게 똑같은 건 아니다. 많은 한국인에게 여행은 바쁜 일상으로부터 잠시 벗어나 잠시 휴식을 갖는 데 더 큰 의미가 있을 수 있다. 이를 위해 여행은 가능한 한 스트레스의 요인들을 모두 제거하고 효과적인 스케줄로 효율적이고 최적화된 경험을 할 수 있도록 짜인다.

물론 이런 여행이 의미가 없다는 건 아니지만 내가 생각하는 여행은 좀 더 탐험에 가까운 것이다. 여행이라는 행위의 본질은 낯선 곳으로 나를 밀어 넣는 것이다. 여기에서 여행자는 자신을 성찰하고 타인의 시각으로 생각해보려고 애쓰며, 세계와 자신의 관계에 대해 한 차원 더 깊게 공부할 수 있다. 내가 살고 있는 지구와 자연의 신비를 다 접해보지 못하고 죽는다는 것은 얼마나 슬픈 일인가. 또 죽기 전에 세계의 구석구석을 밟아보면서 나의 자취를 남긴다는 것은 얼마나 멋진 일인가!

삶이
여행 같아지기를

다음 날, 그러니까 2018년의 마지막 날 방문한 자이언트 세쿼이아 숲의 거대한 세쿼이아 나무는 놀라움에 입을 다물 수 없게 만들었다. 나는 이 나무를 실제로 보기 전에는 이런 괴생물체가 지구상에 있을 거라고 상상도 하지 못했다. 옛날 누군가가 잘라낸 나무의 밑동은 웬만한 밴드가 공연할 수 있을 정도로 넓었다.

북한에 있을 때 '알아맞히기 경연'(한국의 「도전 골든벨」 비슷한 프로그램) 문제 중에 "세상에서 가장 키가 큰 나무는 무엇일까요?"라는 질문이 있었다. 답안지에는 "미국의 캘리포니아 공원에 있는 아메리카삼나무로서 높이가 110미터 정도입니다"라고 적혀 있었다. 그때 내가 떠올렸던 이미지는 그저 주변 공원에 서 있는 키 좀 큰 나무 정도였다. 사진조차 없었으니. 또 한 차례 경건해지는 시간이었다.

세쿼이아 나무의 수명은 3,500년 정도 된다고 한다. 이 숲은 1852년 도우Augustus T. Dowd라는 사람에 의해 처음으로 인간 세상에 존재를 알렸다. 여기에 있는 나무들의 평균 나이는 1,500살 정도라고 한다. 당시는 서부에서 금광이 발견되고 골드러시가 시작되어 서부의 자연이 본격적으로 개발되던 시기였다.

이 숲에는 'Mother of Forest'라는 이름을 가진 나무가 있는데 발견 당시 높이가 100미터, 둘레가 28미터로 이 숲에서 두 번째로 큰 나무였다. 기원전 667년에 이 나무의 씨앗이 세상을 향해 발화했다.

고조선 시절부터 쭉 살아오던 이 나무는 1856년 인간이 이 숲을 발견한 지 불과 4년 만에 2,533살을 일기로 생을 마감했고 숲은 어머니를 잃었다. 철저히 인간의 탐욕이 불러온 재앙이었다.

처음 이 숲이 발견되었을 때, 세상 사람들은 믿으려 하지 않았다. 당시는 사진 기술이 나무의 존재를 세상에 효과적으로 전달하기에 충분치 않았고, 그렇다고 사람들이 그것을 확인하러 직접 오는 것은 더 어려웠던 시대였던 것이다. 그리고 비극이 시작되었다. 사람들이 나무를 대도시로 보내 전시할 계획을 생각해낸 것이다. 하지만 당시의 기술로 수천 톤이 넘는 나무를 온전히 대도시로 옮긴다는 것은 거의 달에 사람을 보내는 계획에 버금가는 어려운 계획이었다.

그래서 고안해낸 방법이 나무껍질을 벗겨 가서 다시 조립하는 것이었다. 1854년 인간들은 이 계획을 실현하기 위해 90일 동안의 작업을 거쳐 나무에서 60톤의 껍질을 벗겨냈다. 나무껍질의 두께는 밑동 주변에서 약 50센티미터, 평균 28센티미터였다고 한다.

이것은 뉴욕의 '크리스털 팰리스Crystal Palace'로 옮겨졌고, 그곳에서 다시 조립되어 "서부 식물의 놀라움vegetable wonders of the gold regions"이라는 타이틀로 전시되어 커다란 재정적 성공을 거두었다. 하지만 그다음 해인 1856년 크리스털 팰리스 화재와 더불어 영원히 사라졌다.

껍질이 벗겨진 이후에도 'Mother of Forest'에 단풍이 들었으나 몇 년 후 완전히 죽어버렸다. 살아 있는 동안 인간 세상에 존재했던

천 년을 산, 앞으로 천 년을 더 살아야 할 나무 앞에서 나라는 존재가 너무 작게 느껴졌다.

위대한 제국들의 흥망성쇠와 내로라하는 인간들의 생로병사를 담담히 지켜보았던 나무는 이제 죽어서 인간의 오만과 탐욕을 고발하며 아직도 숲의 한가운데 서 있다. "보시기에 안 좋더라." 숲속에서는 이 말이 저절로 중얼거려졌다.

한 가지 흥미로웠던 점은 이 나무들의 씨앗은 소나무나 잣나무처럼 자연적으로 싹틀 수 없다는 점이다. 수명이 3,500년이나 되니 쉽게 싹틀 필요가 없을 것이다. 이 솔방울이 발화되려면 불 속에서 구워져야 한다. 숲에 불이 번져 원래 있던 나무들이 모두 불타버리면 그 불 속에서 구워진 씨앗이 비로소 싹트게 되는 것이다. 그래서인지 미국에는 산불도 자연의 과정 중 하나이므로 자연적으로 일어나는 산불은 굳이 인력을 낭비하면서 끄지 않아도 된다고 주장하는 사람들도 있다고 한다. 자연의 이치란 얼마나 오묘한가.

2018년의 마지막 날이었다. 아이크가 손수 스테이크를 구웠고 와인도 있었다. 우리는 밤 가는 줄 모르고 삶과 인생에 대해 얘기를 나눴다.

식탁에 둘러앉은 10명의 사람들은 각자 자기의 소설을 갖고 있었다. 출신과 성격과 가치관은 모두 다르지만 인간으로 갖고 있는 어떤 보편성이 우리 사이를 보이지 않는 그물로 이어주고 있다는 생각이 들었다.

서로가 담담하게 나눠주는 인생의 이야기들을 들으며 고요하고 아름다운 산장의 밤은 깊어만 갔고, 나중에 아이크가 의사 출신으로 세계 여행 중인 여자분과 함께 선보인 멋진 살사 공연도 인상적이었다. 알고 보니 아이크는 한국에도 유명한 살사 동호회의 멤버로서 수준급 실력자였다.

나중에 아이크가 아껴 마시던 위스키도 다 털어놓는 바람에 우리의 2019년 첫 아침은 알코올과 더불어 흐물흐물해져갔다. 지금까지 기억에 남는 새해맞이가 많지만 정말이지 이날은 오랫동안 기억에 남을 것 같다.

아침에 일어나 창문가에서 보니 노루 가족이 숲 사이로 아침 산책을 하고 있었다. 밖으로 나가 가까이 다가가도 마치 이 지역 토박이는 자기들이라는 듯 나 따위는 개의치 않고 어슬렁어슬렁 여유를 부렸다. 사람을 친구로 인식하는 이곳의 노루들과 사람을 무조건 적으로 인식하는 북한의 노루들. 나는 갑자기 북한의 노루들이 불쌍하다는 생각이 들었다. 아니, 노루보다 더 불쌍한 사람들 생각에 마음이 먹먹해졌다.

이제 샌프란시스코로 가는 날이다. 아이크는 어느새 성하 형의 팬이 됐다. 우리를 위해 하루 동안 샌프란시스코 투어를 해주신다고 해서 우리는 입이 찢어졌다. 아이크는 워낙 상식이 풍부한 데다 이전에 한국과 미국의 대기업에서 일했던 경험과 전문적인 지식까지 겸비하고 있어서 배울 게 많은 분이었다. 우리는 다음 날 만날 장소를 약속하고 헤어졌다.

이날 저녁은 오클랜드에 있는 존 차John Cha 선생님 댁에서 머물 예정이었다. 선생님과의 인연은 4년 가까이 된다. 내가 가장 처음으로 알게 된 미국 시민일 것이다.

선생님은 한국 현대사를 몸으로 겪어오셨고, 북한에 대한 따뜻한 관심으로 미국에서 공부하는 탈북 대학생들을 후원하고 보살피고 계신다. 그저 격식 없는 할아버지 같으신 분이다. 사모님은 미국인인데 미국의 여성 인권과 민주주의를 위한 다양한 활동들을 열심히 하고 있는, 유쾌하고 열정적인 분이다.

우리가 선생님 댁에 도착한 것은 늦은 저녁이었다. 선생님은 우리를 위해 20년 전에 손수 담근 인삼주를 꺼내놓으셨다. 우리는 먼저 새해 선생님과 사모님의 건강을 위해 건배를 했다. 그리고 북한의 앞날에 대해, 남한에서의 탈북자 문제에 대해, 그리고 탈북 대학생들의 미래에 대해 늦도록 이야기를 나눴다.

이제 성하 형이 돌아가는 날이다. 형은 이번 여행에 굉장히 만족해하는 것 같았다. 나도 그랬다.

아이크는 역시 전문가였다. 도시의 과거와 현재, 미래에 대해 짬짬이 얘기해주었고 주요 관광지들과 건물들에 대해 임팩트 있게 해설해주었다. 우리는 실리콘밸리로 가서 애플사를 방문했다. 애플사의 건물은 숲속에 듬성듬성 떨어져 있어 매우 친환경적으로 느껴졌고, 주차장이나 화장실에서까지 애플 특유의 굴곡과 디자인이 살아 숨쉬고 있었다.

요세미티 투어 팀 중에 구글에서 일하는 분이 있었는데 그분 덕분에 구글의 구석구석을 모두 둘러볼 수 있었다. 나는 구글어스를 아주 좋아하는데, 그것을 통해 그리울 때마다 북한에 있는 우리 집을 내려다볼 수 있기 때문이다. 그런 의미에서 나는 항상 구글에 감사하고 있다. 인터넷의 힘은 정말 대단한 것이다. 이 세상에서 가장 폐쇄적인 나라를 이렇게 내려다보니 말이다. 우리는 구글 직원 식당에서 저녁을 먹었고 작별을 위해 공항으로 향했다.

성하 형, 그리고 아이크와 작별 인사를 하고 나는 택시로 존 차 선생님 댁으로 돌아왔다.

여행이 이제 끝나간다. 어딘가 먼 곳에서 울리던 북소리가 미시시피를 거슬러 올라와 오하이오 강가에 서 있던 나의 마음을 쿵쿵 울렸었다. 나는 그 소리를 찾아 떠났던 것이다.

그 소리를 찾아 떠난 여행에서 나는 얼마나 많은 사람들을 만났으며, 얼마나 많은 스토리를 들었던가. 얼마나 황홀한 자연의 놀라움을 경험했으며, 얼마나 자주 감탄했던가. 그리고 그 모든 것들을 통해 무엇을 배웠고 무엇을 깨달았던가.

여행으로 삶이 채워지기보다는 삶이 여행 같아지기를…….

★★★ 삶이 여행 같아지기를…….

어제날
철천지원수의 땅에서
자유를 노래하다

펴낸날 | 초판 1쇄 2020년 9월 1일
지은이 | 주성하, 조의성
펴낸이 | 상현숙
디자인 | 비따

펴낸곳 | 북돋움coop(북돋움출판협동조합)
등록 | 2020년 7월 30일 제25100-2020-000056호
주소 | 서울시 마포구 잔다리로7안길 41, 101호
전화 | 02-6369-0715
팩스 | 0303-3447-0715
블로그 | http://blog.naver.com/bookddcoop
이메일 | bookddcoop@naver.com

ISBN | 979-11-971422-1-5 (03330)

이 도서의 국립중앙도서관 출판예정도서목록(CIP)은 서지정보유통지원시스템 홈페이지(http://seoji.nl.go.kr)와
국가자료공동목록시스템(http://nl.go.kr/kolisnet)에서 이용하실 수 있습니다.
(CIP제어번호 : CIP2020033971)

* 책값은 뒤표지에 있습니다.
* 파본이나 잘못된 책은 구입한 서점에서 바꿔드립니다.

* 이 책은 방일영문화재단 저술지원으로 출판됐습니다.